高等院校"十三五"电子商务系列规划教材

U0597282

网店美工

第2版

实战教程

蔡雪梅 夏收 马梦远 ◎ 编著

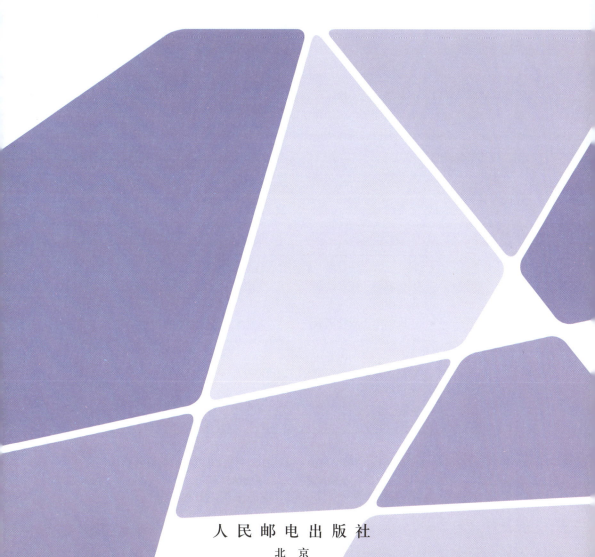

人民邮电出版社

北 京

图书在版编目（CIP）数据

网店美工实战教程：全彩微课版 / 蔡雪梅，夏收，
马梦远 编著. -- 2版. -- 北京：人民邮电出版社，
2021.2（2022.11重印）
高等院校"十三五"电子商务系列规划教材
ISBN 978-7-115-53443-9

Ⅰ．①网… Ⅱ．①蔡… ②夏… ③马… Ⅲ．①网店－
设计－高等学校－教材 Ⅳ．①F713.361.2

中国版本图书馆CIP数据核字(2020)第031124号

内 容 提 要

　　本书从网店美工的基础知识讲起，然后对拍摄商品图片、商品图片的美化与修饰、店铺首页
的制作、商品详情页的制作、店铺推广与视频制作、图片的切片与管理、装修店铺等内容进行讲
解，最后通过综合案例对前面所讲解的知识进行总结，梳理店铺装修中应该注意的问题。本书内
容层层深入，实例丰富，为读者全方位地介绍了网店中各个模块的制作方法，便于读者快速掌握
网店设计与装修的各种方法。

　　本书可作为高等院校网店美工相关课程的教材，也可供有志于或者正在从事网店美工相关工
作的人员参考。

◆ 编　著　蔡雪梅　夏　收　马梦远
　责任编辑　许金霞
　责任印制　杨林杰
◆ 人民邮电出版社出版发行　　北京市丰台区成寿寺路 11 号
　邮编　100164　　电子邮件　315@ptpress.com.cn
　网址　https://www.ptpress.com.cn
　临西县阅读时光印刷有限公司印刷
◆ 开本：700×1000　1/16
　印张：15.5　　　　　　　　　　2021 年 2 月第 2 版
　字数：331 千字　　　　　　　　2022 年 11 月河北第 7 次印刷

定价：69.80 元

读者服务热线：**(010)81055256** 印装质量热线：**(010)81055316**
反盗版热线：**(010)81055315**
广告经营许可证：京东市监广登字 20170147 号

前言
PREFACE

　　随着互联网技术的不断发展，各个电子商务平台的竞争环境、消费者的特征等要素均已发生变化，不同店铺和电子商务平台，对网店美工的技能要求也越来越高。

　　为了更好地帮助读者了解网店美工，掌握网店美工需要的技能，编者曾编写了《网店美工实战教程》一书。该书上市3年多以来，得到了很多读者的好评。在这段时间里，网店美工的设计内容在不断发生变化，技术手段也在不断升级。为了让广大读者更好地了解这些变化，并能将新的技术手段运用到不同平台的店铺装修中，编者在第1版的基础上进行了一定的优化，主要表现在以下两个方面。

　　（1）**内容优化**。网店美工技术手段的不断更新使以往的设计思路与制作方式发生了变化，基于此，我们对内容进行了优化：首先对商品图片的美化与修饰方式进行了改进，使网店展示的内容更具有实用性；再对设计与装修方式进行了整合，便于消费者对网店的浏览；还增加了目前网店美工必备的新技能，如视频的拍摄与制作等。

　　（2）**案例优化**。所有操作、内容介绍和设计案例都进行了更新，以帮助读者更好地了解当前网店美工的设计要求。

本书特色

作为网店美工的学习教材，与目前市场上的其他同类用书相比，本书具有以下特色。

　　（1）**知识全面**。本书从网店美工的角度出发，通过全面介绍网店美工所做的工作，逐步深入挖掘网店美工需具备的工作技能，以帮助读者从零开始学习网店美工技能。

（2）**结构合理**。本书详细阐述胃网店美工工作相关的基础知识并启发读者思考，然后结合店铺首页的制作、商品详情页的制作、店铺的装修等一系列案例，加深读者对网店美工所做工作的认识与理解，并让读者掌握网店设计与装修的方法。

（3）**实用性强**。本书知识讲解结合真实的网店需求，并通过实例详细讲解相关操作。读者可以借鉴书中的实例进行实践操作，也可以在其基础上进行拓展。

（4）**案例丰富**。本书除了基础知识是通过案例的形式展现外，还在综合实训和课后习题中针对不同商品设置了练习。这些案例具有很强的实用性，可以帮助读者快速学习与掌握相关内容，加深读者对相关知识的理解。

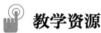 **教学资源**

本书通过二维码的方式给读者提供了配套的视频教学资料，读者直接扫描二维码即可观看。相关素材和效果文件可以登录人邮教育社区（www.ryjiaoyu.com）进行下载。

 编者介绍

本书由蔡雪梅、夏收、马梦远编著，其中蔡雪梅编写第1章、第3章，第9章；夏收编写第2章和第4章；马梦远编写第5章、第6章；赵大为编写第7章、第8章。本书还得到了许多资深网店店主的支持，在此表示衷心感谢。由于相关技术手段在不断升级，书中难免存在不足之处，欢迎广大读者批评指正。

编者

2020年10月

目录
CONTENTS

第 **1** 章

网店美工的基础知识

随着电子商务的不断发展，网店美工相关岗位的人才缺口逐渐加大，对相关从业人员的要求也越来越高。要想成为一名合格的网店美工，首先需要了解网店美工需要掌握的相关基础知识，包括网店美工概述以及网店的色彩运用、文字设计、文案策划和页面布局等。本章将分别对这些基础知识进行介绍。

学习目标

- 掌握网店美工的工作范畴与能力要求
- 掌握色彩的原理与搭配方法
- 掌握文字的运用方法
- 掌握文案的编写方法
- 掌握页面的布局方法

1.1 网店美工概述

网店美工的工作价值在于对店铺和商品进行全方位的视觉处理和优化，使其能够激发消费者的购买欲望，最终实现店铺的经济效益。而在当前的行业环境下，简单的图片处理、页面美化和店铺装修已经不能再满足商家对网店美工的要求，掌握色彩、创意、设计等的综合运用已成为网店美工工作的核心要求。下面将介绍网店美工的定义、网店美工的工作范畴、网店美工的能力要求、店铺装修的基本原则、网店美工挑选图片的方法及网店美工需注意的问题等知识。

↘ 1.1.1 网店美工的定义

网店美工是随着电子商务发展而兴起的职业，是对服务于淘宝、天猫商城、京东商城、唯品会等平台的网店的页面设计和美化工作者的统称。区别于传统的平面美工和网页美工，网店美工不仅需要熟练掌握各种图像处理软件、熟悉页面布局，还需要了解商品的特点，并准确判断目标用户群的需求，这样才能设计出吸引眼球的图片。总而言之，网店美工不仅需要处理图片，还需要理解、洞悉策划方案的意图，并在其中加入自己的创意，是一种"传统美工+设计师"的复合职业。

↘ 1.1.2 网店美工的工作范畴

网店美工有自己独特的工作范畴，主要包括打造店铺特色、美化商品图片、装修与设计网店、设计活动页面以及了解与运用推广等。下面对网店美工的工作范畴进行详细介绍。

- 打造店铺特色。优秀的网店能给人留下深刻的第一印象，而目前各平台网店同质化严重，若想在诸多的店铺中脱颖而出，打造店铺特色就显得十分重要。只有展示出属于店铺的特点，才能够吸引更多的消费者驻足，进而选取商品、进行购买。所以，美工在打造店铺视觉效果的过程中，创造出店铺专属特色是成功的第一步。
- 美化商品图片。拍摄出的商品图片并不能够直接上架，为了使图片呈现出更好的视觉效果、更能够打动消费者，网店美工还需要负责对每款商品的图片进行设计和美化，具体包括商品的拍摄及商品图片的校色、美化、添加文字效果等。
- 装修与设计网店。无论是哪个电商平台，网店在进行店铺装修时都只需要使用平台提供的模块即可完成装修。但是要想使店铺呈现出更好的视觉效果，就需要网店美工对网店页面进行创意设计和艺术美化。

● 设计活动页面。平台往往会不定期举行各种促销活动，各个网店集中开展促销时就会形成竞争。为了增强商家在活动中的吸引力，使之得到消费者青睐，活动页面的视觉效果就显得尤为重要。这时，网店美工更需要透彻理解活动意图，通过设计店铺活动页面将活动意图传达给消费者，让消费者了解活动的内容、促销的力度，积极地参与活动，从而促进销量的提升。网店美工在设计活动页面时要保证页面契合活动主题、美观、拥有独特的亮点，通常可通过制作的海报、个性页面等来实现。

● 了解与运用推广。商家想要在诸多的网店中脱颖而出，就需要进行积极有效的推广。网店美工在推广活动中发挥着重要的作用，其主要工作是通过图片将网店的品牌、商品、服务等传达给消费者，加深店铺在消费者心中的印象，从而获得认同。由于不同的推广活动和推广手段对推广时所使用图片的规格、比例、尺寸大小、文件大小等有不同的要求，所以网店美工不仅需要在现有的标准下及时有效地向消费者传达出设计的意图，还要体现出商品的价值。

1.1.3 网店美工的能力要求

要成为一名合格的网店美工，至少需要具有两个方面的能力：一是艺术表现的能力，二是适应消费者的能力。

艺术表现的能力体现在两方面：一是要有艺术功底，需要网店美工具有扎实的美术功底、对美好事物的鉴赏能力以及创意思维；二是创作的能力，需要网店美工具有基本的图像处理与设计能力，能够熟练使用Photoshop、 Dreamweaver、 Flash等设计软件，能够将艺术性的想法具象化为实际作品。

适应消费者的能力是指网店美工通过图片准确地向消费者表达出商品的特点并挖掘潜在消费者需求的能力。其具体表现为：通过图片、文字、色彩搭配，表达出商品的独特性的能力；从运营、推广、数据分析的角度去思考，提升图片点击率和转化率的能力；跨越技术层面追求更高的转化率，从而激发消费者的购买欲望的能力等。

1.1.4 店铺装修的基本原则

网店装修是网店美工的一项重点工作，它不只需要将商品摆放到网页中，更需要将商品的卖点、特征以及商品的用途或穿戴效果都体现出来。总体来说，网店装修与实体店装修如出一辙，都是为了引起消费者注意与展示商品，但在网店中如何通过图片让消费者感受到实体店的体验效果才是装修的关键。下面对店铺装修应遵循的基本原则进行简单介绍。

● 行业属性突出。每个行业都有其特定的属性，每种属性都有着独特的表象。虽然网店装修没有明确的行业规定，但这些特定的属性却时时左右着消费者对商品的判断与取舍。装修前，一定要明白商品的属性以及其行业特征，然后在此基础之上为装修设计选择相应的色彩和插图，如五金商品可以用红色和灰色，但不适合用粉红色来表现。

- 色彩搭配协调。店铺主色调与商品的属性密不可分，一旦确定了主色调，其他颜色的应用都必须跟主色调高度协调，应保证同一个页面的主色调不超过3种，辅助色与主色相协调。把店铺装修得绚丽多彩、满屏都是闪烁的动画，虽然看起来十分酷炫，但反而会让消费者感觉头晕目眩，视觉体验极差。
- 布局简洁大方。在店铺装修过程中，简洁是不变的原则。一款好的商品要想大卖不能只依靠商品的质量，还需要店铺有简洁时尚的装修，然后结合大方合理的布局，打造出良好的视觉效果。
- 商品分类明确。明确的分类与布局能让消费者快速找到需要的商品。在店铺装修中，要将商品按照种类或价位的不同分成不同的类别，如"10元区""99元区""活动促销区""积分兑换区"等，让消费者一看分类列表就知道目标所在。这样根据明确的分类直奔主题，可以大大提升消费者的购物体验。

↘ 1.1.5 网店美工挑选图片的方法

网店美工的基本工作之一就是处理图片，无论是店铺页面还是商品展示，都会用到图片。获取图片的渠道很多，但并不是所有的图片都适合运用到网店中，下面将分别针对图像分辨率和文件格式来介绍挑选图片的方法。

1. 图像分辨率

图像分辨率是指图像中存在的信息量，即每英寸（1英寸 = 2.54厘米）图像有多少个像素点。因此，图像的分辨率决定了位图图像的精确程度，图像的分辨率越高，成像后的尺寸就越大，对应的图像也就越清晰。图1-1所示为不同分辨率显示的不同效果。进行网店设计和装修时应该挑选分辨率较高的图片，一则可以让消费者更好地认识、了解商品，二则可以保证图像在经过调整大小、裁剪或其他处理操作后仍然能够清晰地展示商品。

2. 文件格式

网店各个模块对图片的规格有不同的要求，图片的要求格式也多种多样，要想使图片符合使用要求，就需要网店美工能够区分不同的图片格式及其使用范围。网店美工设计工作中常见的图片格式包括PSD、GIF、JPEG和PNG，下面分别对这些格式的使用方法和范围进行介绍。

图1-1　不同图像分辨率的对比效果

● PSD。PSD是Adobe公司的图像处理软件Photoshop的源文件格式。虽然它不能直接用于网店中，但是它能够支持全部图像色彩模式并能够保存图像的图层、通道和路径等信息。因此，在处理或设计图像时可以使用PSD格式存储多个图像的效果，并将其整合在一张图像上，最终获得各种美观的效果图。这些效果图可以通过Photoshop存储为JPEG、PNG等网店支持的图片格式，但这些格式的文件不再支持对图像内容进行修改，而PSD格式的文件则可以在Photoshop中打开并再次进行编辑、修改。因此，PSD格式是网店美工设计工作中较为常用的格式。

● GIF。GIF格式的原意是"图像互换格式"，GIF格式中可以存储多幅彩色图像。如果把存于一个文件中的多幅图像数据逐幅读出并显示到屏幕上，那么可以构成一种最简单的动画。但其成像质量较低，不适合制作背景绚丽的图像效果，并且影响网页加载速度，所以网店设计中一般仅将该格式的图片作为一个小模块放置在页面中，如悬浮动态导航图片、店招中闪烁的动态文字图片等。

● JPEG。JPEG格式在提供良好压缩性能的同时，具有较好的重建质量，被广泛应用于图像、视频处理领域。JPEG格式在视觉效果上较GIF和PNG格式有明显的优势，网店中的宝贝图片、海报、详情页等颜色效果丰富的图片都建议使用该格式。

● PNG。PNG格式不仅可以替代GIF格式，而且还具有一些GIF格式所不具备的特性。PNG格式用来存储灰度图像时，灰度图像的深度可多达16位；存储彩色图像时，彩色图像的深度可多达48位，并且还可存储多达16位的α通道数据。若需要透明背景的图片则适合选择该格式。

↘ 1.1.6　网店美工需注意的问题

网店美工不仅需要在艺术创作上下功夫，还需要充分了解和掌握商品信息、牢记设计注意事项、分析商品的优劣势等。要想取得良好的营销效果，网店美工需要注意以下事项。

- 确定大体思路。在装修店铺和处理图片前网店美工就要有明确的思路，即确定一个"大框架"，在该框架中标明本店铺主要卖什么、商品有什么特点、可以选择哪些元素进行装修，让其既美观又真实，还能牢牢抓住消费者的眼球。
- 把握装修时机。在一些特殊的时间段，网店美工应该对网店进行专门的装修以吸引客流，如"双11"大促销、元旦促销等。总之，抓住活动的时机对店铺进行装修，并配合平台举行的活动，可以更进一步地促进商品销售。
- 统一风格样式。店铺装修不但要进行合理的色彩搭配，还要统一店铺整体的风格。因此，选择分类栏、店铺公告和音乐等项目风格时，统一风格样式尤为重要。
- 做好前期准备。在购物平台中，不是申请了某个活动后，网店美工才开始进行店铺的装修，而是需要提前1~2个月进行准备。因此，在活动前期应抓住时机，对活动的文字进行制作，在活动来临之前完成促销信息的整理。
- 分清主次轻重。工作过程中，网店美工切忌为了追求漂亮、美观的效果，对网店进行过度的美化从而喧宾夺主。主体商品图片不突出，店铺的风格和商品的卖点被掩盖，会得到适得其反的效果。

1.2　网店的色彩运用

色彩的运用是一门技术活，下面对色彩运用中色彩的原理、色彩的分类、色彩的属性、色彩的对比以及色彩的搭配分别进行介绍。

↘ 1.2.1　色彩的原理

在现实生活中人们见到的各种颜色是人们对不同频率光的感知，如红红的苹果、碧蓝的天空、青翠的小草。可以这样说，色彩源于光线，没有光线就没有色彩，它既有其客观属性又与人眼的构造有着密切联系。自然界中绝大部分的可见光可以用红、绿、蓝3种光按照不同的比例和强度混合表示，将它们混合在一起可以搭配出各种各样的色彩，如青、黄、紫等，如图1-2所示。

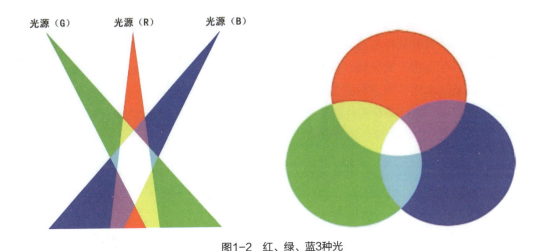

图1-2 红、绿、蓝3种光

↘ 1.2.2 色彩的分类

根据人们的日常生活习惯，可以将色彩分为无彩色和有彩色两个类别。了解这两者的知识是进行色彩运用的基础，下面将分别对无彩色和有彩色进行介绍。

1. 无彩色

无彩色是指黑色、白色和不同深浅的灰色。从物理学的角度来讲，黑白灰不包括在可见光的范围内，因此不能叫作色彩，但在心理学上它们都有着完全的色彩属性。无彩色的颜色只有明度的变化，这里所说的灰色可以理解为由黑色与白色混合的各种明暗层次的颜色。把所有无彩色的颜色概括起来，可得到按比例变化的具有不同明度层次的颜色，从明度最高的白色开始，按逆时针方向依次可命名为：白、亮灰、浅灰、亮中灰、中灰、灰、暗灰、黑灰、黑等，如图1-3所示。无彩色的页面简单明了，色彩过渡自然，如图1-4所示。

图1-3 无彩色的色彩变化

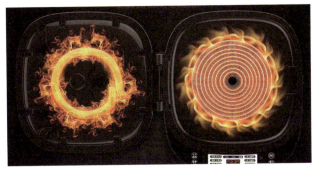

图1-4 无彩色的商品页面

2．有彩色

有彩色是指带有某种标准色倾向的颜色，光谱中的色彩都属于有彩色。有彩色有无数种，它以红、橙、黄、绿、蓝、紫为基本色，如图1-5所示。基本色之间不同量的混合，以及基本色与黑、白、灰3种无彩色之间不同量的混合，会产生成千上万种有彩色。网店中大部分商品图片都是有彩色的，服装、鞋包、珠宝、美妆等类别的网店几乎都采用较为丰富的颜色进行装修。图1-6所示为有彩色的主页面。

图1-5　有彩色的基本色　　　　　　　　图1-6　有彩色的主页面

1.2.3　色彩的属性

色彩有色相、明度、纯度3个基本属性，人眼所感知到的任一颜色都是这3种属性的综合效果。色彩的一切效果都需要通过调整这3个属性来实现，下面对其分别进行简单介绍。

- **色相**。色彩是照射在物体上的光反射到人眼中在视神经上所产生的感觉。色彩的不同是由光波的长短所决定的，而色相就是指这些色彩的不同波长情况。各种色彩中，红色是波长最长的颜色，紫色是波长最短的颜色。红、橙、黄、绿、蓝、紫和处在它们之间的红橙、橙黄、黄绿、蓝绿、蓝紫、红紫共计12种较鲜明的颜色组成了12色相。图1-7所示为以蓝色为主的店铺装修效果。

- **明度**。明度可以简单理解为颜色的亮度，不同的颜色具有不同的明度。例如，黄色就比蓝色的明度高，在一个画面中可以通过协调不同明度的颜色来表达画面的情感，比如当天空比地面明度低时，会产生压抑的感觉。任何色彩都存在明度变化，其中黄色明度最高，紫色明度最低；绿、红、蓝、橙的明度相近，为中间明度色。另外，在同一色相的色彩中还存在深浅的变化，如绿色由浅到深有粉绿、淡绿、翠绿等明度变化。同一色相的色彩，在其中添加不同程度的黑色，其明度就会相应地下降；在其中添加不同程度的白色，其明度则会相应提升。图1-8所示为明度较高的店铺装修效果。

图1-7　蓝色为主的店铺装修　　　　　　图1-8　明度较高的店铺装修

● 纯度。纯度指的是色彩饱和程度。光波越长，色相纯度越高，反之，色相纯度越低。不同色相的色彩不但明度不相等，纯度也不相等。当色彩的色相相同，其纯度发生变化时会带来"色彩性格"的变化。有了纯度变化，页面才会变得更加鲜活。图1-9所示为纯度较高的页面，图1-10所示为纯度较低的页面。

图1-9　纯度较高的页面　　　　　　图1-10　纯度较低的页面

↘ 1.2.4 色彩的对比

色彩对比是指人眼对不同色彩感知的差异。色调差异对人眼的感知影响最大，根据人脑对色彩的不同感受，可将色彩由暖到冷排列为红、橙、黄、绿、靛、蓝、紫，其中红、橙、黄为暖色调，绿为中间色调，靛、蓝、紫为冷色调。除了色调的对比之外，还有明度对比、色相对比和纯度对比，下面将分别进行介绍。

- **明度对比**。明度对比就是色彩的明暗对比，也被称为色彩的黑白对比。每种颜色都有着对应的明度特征，而两者间明度差别所形成的对比即为明度对比。当明度较强时，对比度高，图像的清晰度高，不易出现误差；当明度较弱时，图像不易看清，效果也不好。

- **色相对比**。色相对比是指因色相间的差别所形成的对比。当页面中的主色确定后，需要先考虑其他色相与主色是否具有相关性，重点表现什么样的内容才能增加表现力。其中色相对比还分为原色对比、补色对比、间色对比、邻近色对比4种。图1-11所示为原色对比和邻近色对比。

图1-11　原色对比（左）和邻近色对比（右）

- **纯度对比**。纯度对比弱的画面视觉效果比较弱，且清晰度较低，适合长时间及近距离观看。纯度对比和谐的画面视觉效果含蓄丰富，主次分明。纯度对比强的画面视觉效果比较明朗，会出现鲜艳的更鲜艳、混浊的更混浊的现象，更加富有生气，色彩的辨识度也较高。

↘ 1.2.5 色彩的搭配

色彩搭配是建立在对色彩对比的认知之上的艺术。网店美工通过对不同色彩的组合运用，可以增大或者减小色彩间的对比差异，使店铺呈现出多样化的视觉效果，从而吸引消费者的关注。下面对不同色系的应用领域和搭配方法进行具体介绍。

- **白色系**。白色为全光色，是光明的象征色。在网店设计中，白色具有高级的意象，通常需要和其他颜色搭配使用。纯白色会带给人寒冷、严峻的感觉，所以大多使用混合了一些其他色彩的白色，如象牙白、米白、乳白、苹果白等。另外，在同时运用了几种色彩的页面中，白色和黑色可以说是最显眼的颜色。在网店设计中，当白色与暖色（红色、黄色、橘红色）搭配时可以增加华丽的感觉；当白色与冷色（蓝色、紫色）搭配时可以传达清爽、轻快的感觉。正是由于上述特点，所以白色常用于具有明亮、洁净感觉的商品中，如结婚用品、卫生用品、女性用品等。图1-12所示为将白色系应用于卫生用品网店的效果。

- 黑色系。在网店设计中，黑色给人高贵、稳重的感觉，是许多科技商品的常用色，如电视、摄影机、音箱等。黑色还具有庄严的意象，也常用于一些特殊场合的空间设计。生活用品和服饰用品设计大多利用黑色来塑造高贵的形象，它也是一种流行的主要颜色。黑色的色彩搭配适应性非常广，大多数颜色与黑色搭配后都能产生鲜明、华丽、赏心悦目的效果。图1-13所示为将黑色系应用于数码产品网店的效果。

图1-12　白色系用于卫生用品网店的效果　　　图1-13　黑色系用于数码产品网店的效果

- 绿色系。绿色具有一定的与健康相关的意象，所以经常用于与健康相关的网店。绿色还经常用于某些公司的公关站点或教育站点。当绿色和白色搭配使用时，可以得到自然的感觉；当绿色和红色搭配使用时，可以得到鲜明且丰富的感觉。同时，一些色彩专家和医疗专家们提出绿色可以适当缓解眼部疲劳，为耐看色之一。图1-14所示为将绿色系用于护理网店的效果。

- 蓝色系。高彩度的蓝色会让人有一种整洁轻快的印象，低彩度的蓝色会给人一种都市化的现代派印象。蓝色和绿色、白色的搭配在现实生活中也是随处可见的，其应用范围也非常广。主色选择明亮的蓝色，配以白色的背景和灰色的辅助色，可以使网店看起来干净而简洁，给人庄重、充实的印象。蓝色、青绿色、白色的搭配可以使页面看起来非常明亮清澈。图1-15所示为将蓝色系用于日化网店的效果。

图1-14　绿色系用于护理网店的效果　　　　　图1-15　蓝色系用于日化网店的效果

● **红色系**。红色是强有力的、喜庆的色彩，给人热情、活力的感觉。在大多数情况下，红色都作为突出颜色，因为鲜明的红色极易吸引消费者的目光。高亮度的红色与灰色、黑色等无彩色搭配使用，可以得到现代且激进的感觉。低亮度的红色具有沉着冷静的感觉，可以营造出古典的氛围。在商品的促销活动中，红色可以起到强调作用，以促进商品的销售。图1-16所示为将红色系应用于婚礼用品网店的效果。

图1-16　红色系用于婚礼用品网店的效果

1.3　网店的文字设计

　　网店美工工作的最终目的是吸引消费者，这就需要向消费者传递商品、活动和服务的信息。图像与色彩的表达效果虽然直接而强烈，但在信息传递上却有不足，这时文字就是最有力的支持。在美工设计中添加文字不仅能够清晰明白地表达信息，同时还能在情感引导上为图像和色彩提供帮助。下面将分别从字体的类型、文字在网店中的运用两方面进行介绍。

1.3.1　字体的类型

字体是文字的风格，掌握字体类型是进行文字设计的基础。下面将对宋体、黑体、书法体和美术体4种常见字体类型进行介绍。

● **宋体**。宋体是店铺页面中使用最广泛的字体。宋体字笔画比较纤细，看上去较优雅，能够很好地体现文艺范；并且宋体字字形方正，末尾有装饰部分，结构严谨，整齐均匀，在具有秀气端庄风格的同时还具有极强的笔画韵律性，常用于电器类目和家装类目等店铺中。消费者在查看此类页面时会有一种舒适醒目的感觉。图1-17所示为应用宋体后的页面效果。

● **黑体**。黑体又称方体或等线体，没有衬线装饰，字形方正，笔画横平竖直，笔迹粗细全部一样。黑体商业气息浓厚，其"粗"的特点能够满足消费者"大"的要求，常用于商品详情页等大面积使用文字的内容中。图1-18所示为应用黑体后的页面效果。

图1-17　应用宋体后的页面效果　　　　图1-18　应用黑体后的页面效果

● **书法体**。书法体是指具有书法风格的字体。书法体包括篆书体、隶书体、草书体、楷书体和行书体5种。书法体是古代艺术的结晶，富有历史性和文化性，并且顿挫有力、自由多变，常用于书籍类等具有古典气息的店铺中。图1-19所示为应用书法体后的页面效果。

● **美术体**。美术体是指一些特殊的印刷用字体，一般是为了美化版面而采用。美术体的笔画和结构大多进行了一些形象化，常用于海报制作或模板的标题部分设计。若应用适当则会有提升艺术品位的效果。常用的美术体包括娃娃体、新蒂小丸子体、金梅体、汉鼎、文鼎等。图1-20所示为应用美术体后的页面效果。

图1-19　应用书法体后的页面效果　　　　　　　图1-20　应用美术体后的页面效果

1.3.2　文字在网店中的运用

在网店美工的实际工作中，往往需要将图像和文字进行组合，从而达到更好的表现效果。文字在美工作品中的作用主要是介绍商品、渲染气氛、传达店铺信息等。在字体运用上，网店美工虽然可以大胆进行艺术创新，以追求更好的视觉效果来调动消费者的情绪，激发消费者的购物欲望，但依然需要遵循字体运用的3条基本原则。下面对其分别进行介绍。

1．字体与店铺风格相符

在店铺装修过程中，需根据店铺的风格和类目选择字体。如走可爱路线的女装店铺，可选择圆体、幼圆体等为主字体，并选择少女体、儿童体和卡通体为辅助字体。走时尚个性路线的店铺则可选择微软雅黑、正准黑和正细黑等方正字体为主字体，并且选择大黑体、广告体和艺术体为辅助字体，如图1-21所示。

图1-21　时尚个性店铺首页

2．增强文字的可读性

在店铺中，文字的主要作用是从视觉上向消费者传达卖家的意图与商品信息，要达到这一效果，需考虑文字在页面中的整体布局，给消费者留下清晰、顺畅的视觉印象。因此，页面中的文字应避免纷杂凌乱，尽量让消费者易辨识和易懂，从而充分地表达设计主题。图1-22所示为文字可读性较强的页面。

图1-22　文字可读性较强的页面

3．增强排版的美观性

在店铺装修过程中，页面中的文字是页面形象的要素之一。文字的排版需要考虑全局整体因素，良好的文字排版不仅能向消费者传递视觉上的美感，还可提升店铺的品质，给消费者留下良好的印象。图1-23所示为文字排版美观的页面。

图1-23　文字排版美观的页面

1.4　网店的文案策划

网店往往会自己不定期开展促销活动或者参与电商平台的活动，如淘宝的"聚划算"、京东的"6.18"周年庆、唯品会"4.19"购物节等。这些活动往往需要大量的文案来对活动情况进行介绍和宣传，此时文案就需要有一个整体的布局和策划。一些中小型店铺往往不会设置单独的文案策划岗位，所以就需要网店美工来承担文案策划工作。下面对文案在营销中的重要性、文案的策划、文案的前期准备和文案的写作要点分别进行介绍。

↘ 1.4.1　文案在营销中的重要性

文案在营销中发挥着重要的作用，好的文案能够突出商品的卖点、吸引消费者注意、增强品牌影响力，下面分别进行介绍。

- **突出商品卖点**。网店中的页面是靠图片与文字来说明商品的。没有文字无法完整表达商品的特点与卖点，而没有图片则无法吸引消费者。因此，图片和文字缺一不可。

- **吸引消费者注意**。优秀的文案能够有效地吸引消费者，还能精准抓住消费者的购买心理，促进商品的销售。好的文案相当于一名优秀的导购，不仅能很好地介绍商品，还能减少消费者的顾虑。

- **增强品牌影响力**。品牌和文案是相辅相成的，文案可以让更多的消费者了解并熟悉品牌，提高品牌知名度，帮助品牌拓展市场。当品牌积累了一定名声，文案也有了品牌独特的风格后，将吸引更多的消费者，并有机会将其发展为老客户。因此，网店美工需要结合图片与文案进行品牌设计，以得到消费者认可，提升品牌知名度。

↘ 1.4.2　文案的策划

文案不只是在需要的地方添加对应的文字，更需要通过对文字的运用来引导消费者进行消费，从而达到营销目的，这就需要有一个明晰的文案策划。网店经营中使用到的文案主要包括主图文案、详情页文案与品牌故事文案3种。主图文案决定消费者对商品的第一印象，需要一目了然，突出重点；详情页文案要说服消费者，需要层层深入且全面介绍商品；品牌故事文案需要打动消费者，以情动人，令人信服。只有抓住要点进行文案策划，才能写出优秀的网店文案。一般来说，可从文案的受众群体、目的、主题和视觉表现来进行策划。

- **文案的受众群体**。编写文案前需掌握商品的目标群体，将目标群体需求与商品相结合，分析买卖旺季、相关行业行情、卖出商品行情等，分析数据来掌握文案的受众群体。如从阿里指数了解女士风衣，通过行业大盘点，得出8~10月为买卖旺季，需加大促销力度；10月过后是买卖低谷，应该在其他商品销售上进行突破。图1-24所示为女士风衣的阿里指数。

- **文案的目的**。文案不仅要清楚地表达商品的特点，还要达到促进销售、吸引消费者的目的。除此之外，文案还要能提高品牌的知名度，加深消费者对品牌的印象。因此，要先明确文案写作的目的，根据需要确定文案的写作方向。

● 文案的主题。文案的主题主要有两个方面。一方面是商品的特点，该特点需要使用简单的词汇表达出主题信息，以满足消费者的需求；另一方面要和消费者实际利益挂钩，通过折扣、满减等促销信息吸引消费者，如图1-25所示。

图1-24　女士风衣的阿里指数　　　　　图1-25　爆款半价促销活动

● 文案的视觉表现。有了文案写作目的和主题后，还需考虑怎样与图片进行融合，此时就需要文案有良好的视觉表现。常用的方法是改变字体颜色和粗细等。

1.4.3　文案的前期准备

文案要想取得满意的营销效果，不仅需要在文字上下功夫，还需要在策划前对商品的销售环境进行必要的考察。文案的前期准备工作可以分成3个部分，分别是从基本信息中找到卖点、了解同行信息和准备资料，下面将分别进行介绍。

● 从基本信息中找到卖点。对商品的基本信息进行了解是文案写作的前提条件。每个商品文案都应从商品的购买人群、材质、卖点等出发，找到文案的关键词，在关键词中体现卖点。

● 了解同行信息。俗话说"知己知彼，百战百胜"，策划人员不仅要了解自己商品的特点，还要与同行的商品信息进行分析和对比，从中吸取经验，然后结合自己商品的特色优化文案。

● 准备资料。根据相关的节日或活动对商品信息、商品卖点进行剖析，拍摄需要的商品照片，并对图片进行适当的处理，保障后期能够快速进行图片制作。搜集这些资料时可建立不同文件夹分门别类地进行存放，并注意备份，以免造成不必要的损失。

1.4.4　文案的写作要点

文案成功与否最终还是要取决于消费者的阅读体验。要想提升消费者的阅读体验，就需要在文案中体现消费者的关注要点，主要包括彰显定位、凸显专业、强调品质、强调价值以及消除困惑等，下面将分别进行介绍。

- 彰显品质，增强消费信心。编辑文案时，不仅应该说明商品的质量好、品牌好，还应该添加一些激励性的文字，如"德国红点奖获奖花洒"，说明该商品设计好，也从另一方面体现了商品的品质。从营销的角度看，这也暗示了消费者商品质量、服务等都比较有保障，已经受到很多消费者的青睐，能增强消费者信心，使其放心购买，如图1-26所示。

- 巧妙对比，突显专业。在同类型商品中，若需要体现自家商品的专业性，可从两点进行表述。一是和同行对比，从细节处告知消费者；二是用专业知识告知消费者。图1-27所示为与同行进行优劣对比的效果。

图1-26　权威奖项展示

慢开式结构，防冻阀芯
不惧水体结冰挤压

陶瓷阀芯，材质较硬，
会因水体结冰被挤断裂，
从而导致龙头漏水

图1-27　优劣对比

- 低价商品，强调品质。假如店铺中的宝贝大多是低价商品，此时买家最怕的就是假货、质量问题。这时除了使用图片表现品质外，文案也要重点突出品质。该方法在主图、详情页文案中均适用。

- 高价商品，强调价值。如果与同类型商品相比，自家店铺中的商品价格更高，此时应强调商品的价值，从各方面体现出价格高的原因，如商品的材质、做工、来源、卖点等。此外，还可为商品塑造故事或品牌文化，其赋予能够感动消费者的文化价值，从而获取消费者的认同感。

- 有的放矢，消除困惑。在进行商品描述时，应尽量做到图文结合，从细节体现出商品的质量。不是所有的消费者都喜欢咨询客服，有些消费者更喜欢从直观的图片中找到需要的信息，从而确定是否购买。因此，图片的真实性和文案的详细程度也是影响转化率的重要因素。切记，商品的描述信息一定要清晰，表达要连贯，不要出现逻辑问题。图1-28所示为商品的细节描述信息。

图1-28　商品细节的详解

1.5 网店的页面布局

　　网店页面是指消费者在网店中能够浏览到的所有页面，主要包括首页和详情页。其中首页是网店商品的展示页面，几乎所有的网店信息都展示在首页上；详情页则承载着每件商品的详细信息。首页的质量直接影响店铺的浏览量，而详情页的质量则关系着商品的转化率。下面将分别对首页、详情页的布局进行讲解。

↘ 1.5.1 首页布局

　　优质的首页布局能够体现出店铺特色，吸引消费者关注。首页一般由页头、页中和页尾3部分组成，每个部分对文案的要求也不同，下面分别进行介绍。

- 页头。页头是店铺首页的顶部，主要包括店招和导航部分。其中店招包括店铺名或品牌名、标语、收藏信息、活动信息和优惠信息等；而导航部分则以热门商品、主推商品和热门搜索为主，如图1-29所示。

图1-29　页头

- 页中。页中是店铺首页的中间部分，主要包括首焦、优惠活动、分类导航、主推商品和商品展示区等。其中首焦指首屏的海报或轮播海报，该板块是根据店铺的活动来确定的；优惠活动则包括优惠券和优惠信息；分类导航指主推导航和商品的分类导航；而主推商品和商品展示区则用于刊登小海报和广告语等促销信息，以及使用商品图片和价格等来突出显示商品。页中如图1-30所示。

图1-30　页中

● **页尾**。页尾是店铺首页的底部，一般要求版面简洁，用语直接、专业。页尾的内容主要包括店铺声明、宣传语、品牌授权认证、返回首页和返回顶部等内容，如图1-31所示。

图1-31　页尾

1.5.2　详情页布局

商品详情页不仅需要向消费者展示商品的规格、颜色、细节、材质等具体信息，还需要通过图、文、视频等方式向消费者推荐商品。因此，网店美工需要对商品详情页进行设计和美化，以提高商品的吸引力，从而更好地激发消费者的购买欲望，最终促使消费者进行消费，提高商品的销量。

商品详情页可以分为商品基础信息模块、商品描述信息模块和自定义模块。其中商品基础信息模块、商品描述信息模块由平台根据商品信息自动生成，通常无法进行修改。而自定义模块，如商品展示模块、商品细节模块、功能展示模块、包装运输展示模块、促销活动模块和消费者须知模块等，对打动消费者起着十分关键的作用，需要网店美工进行专门的设计和美化，下面分别进行介绍。

- 商品展示模块。整体展示商品的外观是打动消费者的第一步。网店美工可以对商品进行巧妙摆拍或为商品添加吸引人的背景，让该商品看起来更诱人，这样既能全面地展示出商品的整体风貌，又能配合广告文案，加强消费者对商品的了解，如图1-32所示。必须注意的一点是背景不能喧宾夺主，以免影响商品的展示。

- 商品细节模块。在网络购物中，消费者只能通过图片来了解商品，一旦消费者不能在商品详情页中看到足够多的商品细节，就无法对商品的质量、材质等产生信任，这将会大大降低其购买欲望。所以网店美工在制作商品详情页时，应该最大限度地将商品的优势和细节展示出来，从而打消消费者的顾虑，促成其购物行为，如图1-33所示。

- 功能展示模块。如果该商品是实用型商品，需要依靠其功能来打动消费者，那么网店美工就应该在详情页中对该商品的各个功能进行详细解析，如图1-34所示。

图1-32　商品的整体展示

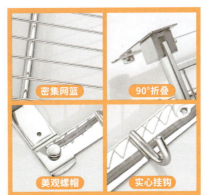

图1-33　商品的细节展示

- 包装运输展示模块。有两类商品需要对其包装和运输进行特别说明：一是易碎品、易损坏品和易变质品等需要进行特别包装或快速运输的商品，如生鲜产品、陶瓷制品等；二是需要以精美的包装和优质的运输来展示其品质的商品，如礼品、化妆品、工艺品等。对包装和运输进行展示能够增强消费者对商品的信任，提升消费者的购物体验，如图1-35所示。

图1-34　商品的功能展示　　　　　　图1-35　商品的包装运输展示

- 促销活动模块。促销活动可以增加商品对消费者的吸引力，从而提高销量。在详情页中添加商品的促销信息，能够进一步促进消费者产生购物行为，如图1-36所示。

图1-36　商品的促销活动展示

- 消费者须知模块。消费者须知模块可以规避消费者在购买时产生的不必要误会，减少很多售后问题，因此也可以将其添加在商品详情页中。

除了这些常见的模块，商品详情页中还可以因地制宜地添加其他模块，如介绍商品尺寸大小的商品规格模块、关联营销的搭配展示模块、增强商品说服力的证书奖项模块和培养忠实用户的会员营销模块等。在详情页中具体怎样使用这些模块进行排列组合，需要网店美工综合考虑商品本身的性质和网店的营销思路来决定。

1.6　综合实训——网店的色彩与布局鉴赏

在各大电商平台上面有不计其数的网店，而每个能够屹立不倒的网店都有其独到之处。对优秀的网店设计与装修风格进行分析和学习，能够更好地帮助网店美工提升自己的能力。本实训将对唯品会某主营家居的网店进行鉴赏，分析其色彩搭配、店铺布局和文案设计等，从而进一步巩固本章所学习的知识。

图1-37所示为"翻旧事家居官方旗舰店（以下简称'翻旧事'）"首页。其首页设计得非常简约，明确写出了商家的经营范围"设计感摆件"以及优惠活动"五折特惠"，没有过多的文字，整个页面让人感觉清新自然，有继续浏览的欲望。

图1-37　"翻旧事家居官方旗舰店"首页显示效果

1．设计思路

下面分别从首页和详情页两个方面出发，对"翻旧事"店铺页面进行鉴赏。

（1）查看首页中的页头、页中和页尾，包括查看其对应的店招、导航等内容，并对其中文字的字体进行分析，掌握不同字体应用的范围；完成后对图片中的促销术语进行了解，从术语中分析"翻旧事"的卖点，并通过单个商品的摆放和处理效果掌握美化图片的方法。

（2）查看详情页中留住消费者的方法以及商品的卖点描述，该卖点可通过详情页中的描述区进行展示。"翻旧事"的描述区主要通过近距离、高品质、结合场景的商品照片来体现商品的质感和独特设计，从而促进消费者购买。

2．知识要点

在浏览"翻旧事"店铺时，需要掌握以下知识。

（1）掌握"翻旧事"文字与色彩的搭配方法，并从中得到启示，为后期制作做好准备。

（2）掌握"翻旧事"吸引消费者购买商品的方法，从中找到卖点，进而促进销售。

3. 操作步骤

下面将对"翻旧事"网店进行鉴赏，具体操作如下。

STEP 01 进入"翻旧事"网店，通过观察，该网店首页的整体色相为浅黄色搭配亮灰色，整体显得很温和，很有居家的温馨、精致之感。其中还添加了一些店铺商品的图片，这些商品都很可爱且都是浅色系，使整个画面更加和谐生动，富有生活情趣，并且充分体现出了该网店的核心卖点——"设计感"。

STEP 02 在首页页头图片的下方紧跟着分类导航，极大地方便了消费者。与页头图大相径庭，分类导航的图片采用较为黯淡的灰色为底色，并且带有褶皱的痕迹，显现出一种软质书写纸的效果。全店商品被分为12个类别，每个类别都有对应的极简风黑白Logo，下面的类别名称则选用黑底白字，看起来既清楚又专业，如图1-38所示。

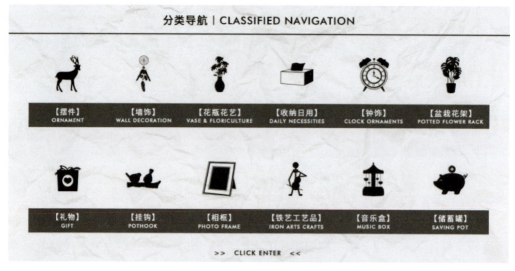

图1-38　分类导航

STEP 03 在分类导航后面是店铺各类主打商品的介绍，网店美工为每个系列都精心设计了展示图片，如图1-39所示。该店铺在"北欧烟灰缸系列"的图片中使用的文本就与"彩旗墙面挂饰"中使用的文本采用了两种截然不同的表现方法，"北欧烟灰缸系列"的文本显得优雅、精致，而"彩旗墙面挂饰"的文本显得更活泼可爱，两种文本对应两类商品的不同气质。

图1-39　不同系列图片的展示

STEP 04　在每个系列主图的下方是该系列或使用了类似设计理念的商品信息。图1-40所示为"创意生活小物"系列商品，可见图片中的每件商品都是其在生活场景中实际应用的状态，让消费者能够联想到自己在生活中使用该商品的情景。商品的文字设计则与分类导航一致，只是更换了底色，显得稳重、专业。

图1-40　系列商品的展示

STEP 05　在两个系列之间，以"翻旧事 | 生活 因混搭而精彩"文本作为间隔，在页尾则换成了设计风格相同的"爱生活·爱自己·爱自然"文本体现出品牌理念，如图1-41所示。

翻旧事 | 生活 因混搭而精彩
LIFE IS WONDERFUL BY MIXING AND MIXING

Glorious home

爱 生 活 · 爱 自 己 · 爱 自 然

图1-41　系列间隔与页尾

STEP 06 单击其中一个类目中的某个商品进入详情页，可以看出"翻旧事"在详情页中对商品信息进行了全面介绍后，还罗列了商品在各种环境中的视觉效果，此处没有文字介绍，只以图片展示商品的外观与质感，如图1-42所示。

商家仍然对钟表产品的核心部件——机芯进行了介绍，表明了该挂钟除了有出色的外观外还拥有很强的实用性，进一步打消消费者的顾虑，如图1-44所示。

图1-44 对机芯进行介绍

STEP 09 页尾通过对安装步骤进行介绍，显示出该商品安装方便、省时省力，打消消费者最后的顾虑，如图1-45所示。

图1-42 商品详情页图片

STEP 07 继续往下浏览，商品外观细节也是一大卖点。页面中的铁艺钟在细节上的做旧工艺，使其拥有浓厚的时代特色，体现出了设计人员的匠心，如图1-43所示。

图1-43 商品外观细节

STEP 08 再继续往下浏览，虽然该款挂钟主打外观精美的卖点，但作为实用品，

图1-45 介绍安装教程打消消费者最后的顾虑

1.7　疑难解答

在网店美工的实际工作中，往往会遇到一些问题，新手常遇到的问题主要集中在网店装修、色彩搭配和文字处理上，下面针对这些共性问题做相应解答。

1．网店装修的流程是什么？

网店美工在开始对店铺进行装修设计前都需要对流程进行掌握，一般是先对店铺风格进行规划，准备素材文件，如商品图、广告图等，然后对图片进行处理、切片，再上传到素材中心，最后进行店铺的装修。

2．怎么才能搭配出符合店铺需求的颜色呢？

主要通过店铺的类目对主色进行选择，如童装可选择粉色、黄色、橙色等偏暖纯色，还可将某个颜色作为重点色，使整体配色平衡；其中，重点色的色调比其他颜色的色调更加强烈，适合小面积使用，可以起到色调对比的效果。

3．为什么有些文字像图形呢？

这是文字的图形化，所谓文字图形化，是指把文字作为图形元素来表现，可以增强其原有的功能；在页面的文字设计中，既可以使用常规方法设计文字，又可以对文字进行艺术化的设计，以提升其美观度。

1.8　课后习题

（1）挑选一个自己喜欢的网店（淘宝、京东、唯品会等平台均可），鉴赏其店铺首页，分析其颜色搭配和文字的排版是否合理。

（2）在该店铺中挑选一件自己喜欢的商品，并为其编写一篇详情页文案。

第 2 章

拍摄商品图片

在网络购物环境下，消费者无法实际感受商品，只能通过图片和说明文字来了解商品。而商品图片的拍摄是商品展示的基础，高品质的商品图片能够为商品的展示增光添彩，吸引并打动消费者。由于商品的材质、功能、外形、颜色等各不相同，为了能在保证图片美观的同时展示出这些特点，就需要网店美工掌握商品拍摄的基础知识，包括商品的拍摄方法、拍摄环境与布光、基本构图方式等。

学习目标

- 掌握商品的拍摄方法
- 了解拍摄环境与布光的重要性
- 掌握不同商品的构图方法

2.1 商品拍摄的基础知识

拍摄器材是拍摄工作的前提，拍摄器材的性能对拍摄效果有着决定性的影响。要想拍摄出优质的商品图片，网店美工首先需要对拍摄器材有一定的了解，如单反相机的选择、辅助器材的选择等，此外还要掌握相机的操作以及商品的清洁与摆放等知识。

⬃ 2.1.1 单反相机的选择

单反相机凭借其强大的性能和广泛的应用范围成了拍摄商品图片的不二之选，但网店美工新手往往对如何选择一台得心应手的单反相机一头雾水。下面对单反相机的选择进行具体介绍，帮助网店美工挑选到称心如意的单反相机。

1. 认识单反相机

单反相机全称为单镜头反光式取景照相机，是指用单镜头并通过此镜头反光取景的相机。它可随意换用与其配套的各种广角、中焦距、远摄或变焦距镜头，能够拍摄出清晰、高质量的照片，具有普通相机无法比拟的优势。除此之外，单反相机还具有很强的扩展性，不仅能使用偏振镜、减光镜等附加镜头，还能在专业辅助设备（如闪光灯、三脚架）的帮助下拍摄出质量更佳的照片，具有极强的通用性。单反相机的外形如图2-1所示。

图2-1 单反相机

2. 单反相机的选购要素

单反相机的配置和价格差距极大，用于网店商品图片拍摄的单反相机虽然较普通家用单反相机的配置要求高，但也不用刻意追求过高配置。只要把握以下几点，就能挑选出配置足够的单反相机，下面分别进行介绍。

● 选择合适的感光元件。感光元件又叫图像传感器，是相机的成像感光器件。

感光元件能直接影响相机成像质量：感光元件的尺寸越大，成像越大，感光性能就越好。感光元件主要有CCD（电荷耦合元件）和CMOS（互补金属氧化物半导体）两种。图2-2所示为两种感光元件。

图2-2　感光元件

● **要有手动设置功能**。单反相机有不同的拍摄模式，如手动曝光（M）模式、快门优先自动曝光（S或Tv）模式、光圈优先自动曝光（A或Av）模式、全自动曝光（A+或AUTO）模式、程序自动曝光（P）模式，以及多种场景模式。其中具有手动设置功能即为选购单反相机的重要因素之一。

● **要有微距功能**。微距功能是指在近距离、大倍率的拍摄情况下依然能够保持拍摄画面清晰的功能，在拍摄商品图片时可以使用该功能将商品主体的细节部分详细呈现在消费者眼前。该功能常用于首饰等体积较小且细节很复杂的商品，或是需要展示材料质感的商品。图2-3所示为使用微距功能拍摄出的商品图片。

图2-3　使用微距功能拍摄出的商品图片

● **要有外接闪光灯的热靴插槽**。热靴插槽是单反相机连接各种外置附件的一个固定接口槽。它位于照相机机身的顶部，附设两个至数个触点，其主要作用是与闪光灯进行连接，如图2-4所示。

● 可更换镜头。若希望对整个场景进行拍摄，而一般的相机镜头无法将所有的景物拍下来时，就需要更换镜头进行拍摄。单反相机和微单相机都具有通过更换镜头来满足拍摄需求的功能。图2-5所示为单反相机的可更换镜头。

图2-4　热靴插槽　　　　　　　　　　图2-5　单反相机的可更换镜头

↘ 2.1.2　相机的使用

正确的持机姿势有利于拍摄时保持相机稳定，从而提高拍摄的质量。单反相机一般采用横向握法和竖向握法两种持机姿势，下面分别进行介绍。

● 横向握法。右手三指握住相机的手柄，食指轻放在快门按钮上，大拇指握住相机的后上部；左手托住镜头下部。将相机贴紧面部，双臂和双肘轻贴身体，两脚略微分开站立，以保持稳定的姿态。图2-6所示为单反相机的横向握法。

● 竖向握法。右手将相机竖起，左手从镜头底部托住相机，将相机的重心落于左手上。拍摄时注意不要让手指或相机带挡住镜头。图2-7所示为单反相机的竖向握法。

图2-6　相机的横向握法　　　　　　　图2-7　相机的竖向握法

经验之谈：在使用相机时，可通过腕带和三脚架帮助相机固定，以确保相机的安全。

↘ 2.1.3　辅助摄影器材

为了达到更好的拍摄效果，使商品照片更能打动人心，网店美工还需要在拍摄过程中使用多种辅助摄影器材，如遮光罩、三脚架、静物台、柔光箱、闪光灯、无线引闪器、反光伞、反光板和背景纸等，下面分别进行介绍。

● **遮光罩**。遮光罩是安装在单反相机镜头前端，用于遮挡多余光线的摄影装置。常见的遮光罩有圆筒形、花瓣形与方形3种，其尺寸大小不同，在选用前一定要确认尺寸与相机相匹配。图2-8所示为花瓣形的遮光罩。

● **三脚架**。三脚架的作用是帮助相机保持稳定。三脚架按照材质分类可以分为木质、高强塑料材质、合金材质、碳素材质等，选购三脚架时要重点关注三脚架的稳定性。

● **静物台**。静物台主要是用来拍摄小型静物商品的，使商品可以展示出最佳的拍摄角度与最佳的外观效果。标准的静物台相当于一张没有桌面的桌子，在其上覆盖半透明的、用于扩散光线的大型塑料板，以便进行布光照明，消除被拍摄商品的投影。图2-9所示为静物台。

● **柔光箱**。柔光箱能柔化生硬的光线，使光线变得更加柔和。柔光箱多采用反光材料附加柔光布等组成。柔光箱使发光面积更大更均匀、光线更柔美、色彩更鲜艳，尤其适合反光物品的拍摄。

● **闪光灯**。闪光灯能在很短时间内发出很强的光线，是相机感光的摄影配件。闪光灯常用于在光线较暗的场合中进行瞬间照明，也用于在光线较亮的场合中给被拍摄对象局部补光。闪光灯分为内置闪光灯、机顶闪光灯和影室闪光灯等，如图2-10所示。

图2-8　遮光罩

图2-9　静物台

图2-10　闪光灯

● **无线引闪器**。无线引闪器主要是用来控制远处的闪光灯，让闪光跟环境光融合得更自然，一般在影棚里配合各种灯具使用。

- **反光伞**。反光伞通常用于辅助拍摄人像或具有质感的商品。反光伞有不同的颜色，在商品拍摄中最为常用的是白色或银色，它们不改变闪光灯光线的色温，是拍摄时的理想光源。
- **反光板**。反光板能让平淡的画面变得更加饱满，能体现出良好的影像光感，起到突出主体的作用。反光板主要包括硬反光板和软反光板两种类型。
- **背景纸**。背景纸是商品拍摄过程中不可缺少的辅助设备，它可以更好地衬托出商品的特点，让商品展示得更加完美。背景纸的颜色丰富，要选择简洁的背景纸，不能太花哨，防止产生喧宾夺主的效果。

↘ 2.1.4 商品的清洁与摆放

在进行商品图片拍摄时，美工不仅需要考虑拍摄的器材，还需要对商品本身进行清洁和摆放，以达到更好的拍摄效果。对商品进行清洁是为了使商品能在镜头下完全地展示其真实面目，而对商品进行摆放时则需要美工发挥自身想象力，通过二次设计来美化商品的外部曲线，使其具有独特的设计感与美感。

美工也可以从不同角度拍摄商品，特别是对不同的商品来说，有些商品的正面好看，有些商品的侧面好看，因此，要从最能体现商品美感和特色的角度进行拍摄，选择最能打动客户的角度来展现商品。一般来说，除了正面、侧面等角度外，还需拍摄平视、20°～30°侧视、45°侧视等各个角度的图片，每个角度都至少需要拍2～3张图片，才能比较全面地展现商品的特点，如图2-11所示。

添加一些饰品则可以对商品进行点缀，美化画面。图2-12所示的钢笔图片中，美工通过黑色亚光桌面构建出了黑色、典雅的拍摄环境，并添加了墨水瓶、明信片进行点缀，不仅使拍摄的效果更加丰富、美观，还烘托出了一种高档、精致的气质。

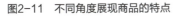

图2-11 不同角度展现商品的特点

图2-12 添加饰品进行点缀

> **经验之谈**：摆放多件商品时，不仅要考虑造型的美感，还要符合构图的合理性；当内容过多时画面就容易变得杂乱，此时，可采用有序排列和疏密相间的方式进行摆放，这样既能使画面看起来饱满丰富，又不失节奏感与韵律感。

2.2 商品拍摄的环境与布光

商品拍摄不能离开光，光线的强度和方向对拍摄效果有着决定性的影响。网店美工需要对不同的商品布置不同的拍摄场景，并采用不同的方式进行布光，以求达到更好的拍摄效果。下面对构建拍摄环境和常见布光方式分别进行介绍。

↘ 2.2.1 构建拍摄环境

根据商品大小与类型的不同，其要求的拍摄场景也存在差异，只有当拍摄场景适合商品时才能取得满意的拍摄效果，下面对3种构建拍摄环境的方法分别进行介绍。

- **小件商品的拍摄环境**。小件商品适合在较为单纯的环境里进行拍摄。图2-13所示的微型摄影棚能有效地解决小件商品的拍摄环境问题，使用微型摄影棚既可避免布景的麻烦，又能拍摄出漂亮的、主体突出的商品照片。在没有准备专业摄影棚的情况下，尽量使用白色或纯色的背景来替代，如白纸或颜色单纯、清洁的桌面等。

- **大件商品的室内拍摄环境**。进行大件商品的室内拍摄时，尽量选择整洁的单色背景，拍摄的照片中最好不要出现其他不相关的物体。图2-14所示为室内拍摄大件商品时的环境布置，室内拍摄对拍摄场地的面积、背景布置、灯光环境等都有要求，需要准备辅助器材，如柔光箱、三脚架、同步闪光灯、引闪器和反光板等。

图2-13　微型摄影棚　　　　　　　　图2-14　大件商品的室内拍摄环境

- **大件商品的外景拍摄环境**。进行大件商品的外景拍摄时，主要选择风景优美的环境作为背景，并通过自然光加反光板补光的方式进行拍摄，使拍摄的照片风格感更加明显，能形成商品的个性特色并营造出商业化的购物氛围，如图2-15所示。

图2-15　大件商品的外景拍摄环境

↘ 2.2.2　常见布光方式

在构建好拍摄场景后，还需要对光线进行构思设计，也就是布光。布光一般包括正面两侧布光、两侧45°角布光、单侧45°角不均衡布光、前后交叉布光和后方布光5种方式，下面分别进行介绍。

● 正面两侧布光。正面两侧布光是进行商品拍摄时最常用的布光方式。正面两侧布光方式能使正面投射的光线全面且均衡，从而能全面表现商品且不会有暗角，但同时要保证室内光源恒定且光线的强度够大，如图2-16所示。

● 两侧45°角布光。两侧45°角布光使商品的受光面在顶部，正面并未完全受光。两侧45°角布光适合拍摄外形扁平的小商品，但不适合拍摄立体感较强和具有一定高度的商品，如图2-17所示。

● 单侧45°角不均衡布光。单侧45°角布光的商品会在一侧出现严重的阴影，底部的投影也更深，商品表面的很多细节无法得到呈现。同时，由于环境光线减少了，反而增大了拍摄的难度。解决该问题的方法是，在另外一侧使用反光板将光线反射到阴影面上，如图2-18所示。

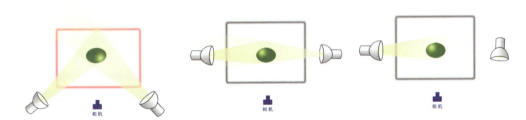

图2-16　正面两侧布光　　　　图2-17　两侧45°角布光　　　图2-18　单侧45°角不均衡布光

● 前后交叉布光。前后交叉布光是前侧光与后侧光的组合。在打光时，先从商品的侧前方进行打光，此时商品的背面将出现大面积的阴暗部分，不能呈现商品的细节。因此，还需要从商品的侧后方也进行打光，这样才能体现出阴暗部分的层次感，如图2-19所示。

● **后方布光**。后方布光又称轮廓光，是指从商品后方进行打光的方式。因为是从商品的背面进行打光，所以只能照亮被拍摄物体的轮廓。后方布光如图2-20所示。

图2-19　前后交叉布光　　　　　　　　　　图2-20　后方布光

2.3　不同材质的拍摄方式

不同的材质对光线有不同的反射，这也是影响拍摄效果的一大因素。所以在拍摄不同材质的商品时，美工应该调整拍摄的手法。商品拍摄中常见的材质可分为吸光类、反光类和透明类3种，下面分别进行介绍。

2.3.1　吸光类商品拍摄

吸光物体是最常见的物体，由于其表面不光滑而不能对光线形成镜面反射，食品、橡胶、木制品、纺织品、纤维制品以及大部分亚光塑料等都属于吸光物体，如图2-21所示。吸光类物体在不同明暗程度光线下的显示效果不同，其中最亮的高光部分显示了对应的光源颜色，明亮的部分显示了物体本身的颜色和光源对物体的影响，亮部和暗部的交界部分则显示了物体的表面纹理和质感，而暗部则基本不对物体进行显示。

图2-21　吸光类商品

　　吸光类物体的表面粗糙，因此在光线投射时不会形成完整的明暗层次，此时掌握吸光类物体的特点和布光方式则显得尤为重要。吸光类物体的布光主要以侧光、顺光、侧顺光为主，灯光的照射高度不宜太高，这样才能拍摄出具有视觉层次和色彩表现的照片。拍摄吸光类商品时，如拍摄皮制品，可以使用更硬的直射光直接进行照明，这样其表面的材质会产生细小的投影，能够表现出凹凸的肌理质感。若光线的顺光过柔过散，则会弱化拍摄商品的质感。图2-22所示为吸光类商品拍摄环境与该环境下拍摄的篮球商品。

图2-22　吸光类商品拍摄环境与该环境下拍摄的篮球图片

↘ 2.3.2　反光类商品拍摄

　　反光类商品常指不锈钢制品、银器、电镀制品、陶瓷制品等，该类商品表面光滑，具有较强的光线反射能力，在拍摄时不会出现柔和的明暗过渡现象，如图2-23所示。

图2-23　反光类商品

　　因为反光类物体没有明暗过渡，所以拍摄的照片中缺少丰富的明暗层次，此时反光板的放置变得尤为重要。在拍摄时可以将一些灰色或深黑色的反光板放于被拍摄物的旁边，让物体反射出这些光板的色彩，以增加物体的厚实感，从而改善表现的效果。在拍摄该类物体时，灯光也很重要。拍摄时主要采用较柔和的散射光进行照明，这样不仅能使色彩更加丰富，还能使质感更加明显。

拍摄反光类商品时具有一定的技巧，可将大面积发光的柔光箱和扩散板放于商品的两侧，并尽量靠近商品，这样既可形成均衡柔和的大面积光，又能将这些光全部罩在商品的反射范围内，使其显示出明亮光洁的质感，如图2-24所示。

图2-24　反光类商品拍摄环境与该环境下拍摄的效果图

> 经验之谈：反光类商品对光线的反射能力较强，拍摄时容易出现"黑白分明"的反差效果，为了不让其立体面出现多个不统一的亮斑或是暗斑，可采用大面积照射光，并使用反光板照明的方式，使光源面积扩大。

↘ 2.3.3　透明类商品拍摄

透明类商品常指玻璃制品、水晶制品和部分塑料制品等。这类商品具有透明的特点，可以让光线穿透其内部，因此通透性和对光线的反射能力较强。拍摄透明类商品时要表现出其玲珑剔透的感觉，所以在光线的选择上，常选择侧光、侧逆光和底部光等布光方式。透明类商品的厚度不同，会产生不同的光亮差别，从而产生不同的质感，如图2-25所示。

图2-25　不同厚度的透明类商品

若在黑色背景下拍摄透明类商品，光线应该与被拍摄商品分离。此时，可在商品两侧使用柔光箱或是闪灯添加光源，把主体和背景分开，再在前方添加灯箱，对商品的上半部分轮廓进行表现，从而表现出玻璃制品的透明度，使其精致剔透。如果被拍摄商品盛有带色液体或透明物，为了使其色彩保持原有的纯度，可在背面贴上与外观相符的白纸，从而对原有色彩进行衬托。图2-26所示为透明类商品的拍摄方法以及拍摄后添加了背景的效果图。

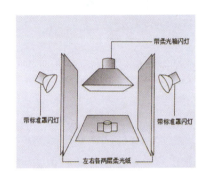

图2-26 透明类商品的拍摄方法以及拍摄后添加了背景的效果图

2.4 商品拍摄的基本构图

在实际拍摄中，往往需要将商品与环境结合起来，这就需要美工将商品与环境组织成一个协调的画面。合理的构图能够使商品图片更具有感染力，其一般包括横线构图、竖线构图、斜线构图、黄金分割法构图和其他构图，下面分别对其进行介绍。

↘ 2.4.1 横线构图

横线构图能使画面产生宁静、宽广、稳定、可靠的感觉。但是单一的横线容易割裂画面，在实际的商品拍摄过程中，切忌横线从中间穿过，一般情况下，可上移或下移以避开中间位置。在构图中除了使用单一的横线外，还可将多条横线组合使用，当多条横线布满画面时，可以在部分横线上放置主体商品，使这些横线发生断线的"变异"。横线构图能突显主体，更加富有装饰效果，是构图中最常用的方法之一，如图2-27所示。

图2-27　横线构图

2.4.2　竖线构图

　　竖线构图是商品呈竖向放置或竖向排列的竖幅构图方式。竖线构图能使画面产生坚强、庄严、有力的感觉，也能表现出商品的高挑、秀朗，常用于长条的或者竖立的商品。在表现方法中，竖线构图比横线构图更富有变化，使用单一线的效果也存在差异。竖线构图中也可采用多竖线构图，如对称排列透视、多排透视等。竖线构图可以达到多样化的视觉效果，从而达到美化商品的目的，如图2-28所示。

图2-28　竖线构图

2.4.3　斜线构图

　　斜线构图是商品斜向摆放的构图方式，其特点是富有动感，个性突出，常用于表现造型、色彩或者理念等较为突出的商品，能表现出商品的运动、流动、倾斜、动荡、失衡等效果。在商品构图中，斜线构图也较为常用，图2-29所示为采用斜线构图后的效果。

图2-29 斜线构图

↘ 2.4.4 黄金分割法构图

黄金分割法构图的画面长宽比例通常为1∶0.618，采用这种比例设计出的商品造型十分美观，电视的屏幕比例即为该构图比例。黄金分割法构图在商品的构图中也常常用到，不但能使商品更加美观，而且更能吸引消费者继续看下去。图2-30所示为使用黄金分割法构图后的效果。

图2-30 黄金分割法构图

↘ 2.4.5 其他构图

在商品构图中，除了通过不同的构图方法来体现商品的特点外，还可以通过改变商品的展示角度来展现商品的层次感，以及添加其他素材进行构图。这样不但能使画面更加丰富，还能使拍摄的效果更接近完美，吸引消费者继续看下去。图2-31所示为不同商品的摆放效果，展示角度的不同，层次感也有所不同。

图2-31 商品的摆放构图

2.5 综合实训——制作摄影棚并进行拍摄

要想完成一次成功的小物件商品拍摄，首先得有一台称手的单反相机和一个合适的摄影棚。本实训将先挑选一款合适的相机，然后亲手制作一个小型摄影棚，并以此进行小物件商品的拍摄。在拍摄时，需要掌握灯光的布局。完成后查看拍摄的效果，如图2-32所示。

图2-32 拍摄的效果

1. 设计思路

根据商品的特点，可从以下几个方面进行拍摄前的准备工作。

（1）掌握小物件拍摄中对相机的具体要求，包括选择相机的型号和使用的功能要求。

（2）掌握小型摄影棚的制作方法，包括制作材料的准备和小型摄影棚的搭建。

（3）掌握小物件光源的布置技巧，包括光源的摆放等。

2. 知识要点

要想完成小物件的拍摄制作，需要掌握以下知识。

（1）在拍摄前了解相机的选购方法，并对配件进行选购，掌握用于拍摄商品图片的相机及配件的选购知识。

（2）对纸板进行处理，并使用胶水和剪刀等工具对其进行裁剪粘贴，然后制作小摄影棚，制作时应着重注意对称的问题。

（3）因为物件较小，所以充足的光源成了必备条件。通过台灯、柔光箱和扩散板等工具对小商品进行照明，从而拍摄出布光均匀的商品。

3. 操作步骤

下面对制作摄影棚并拍摄商品的方法进行讲解，其具体操作如下。

STEP 01 在拍摄前需要选择一款合适的单反相机。因为拍摄的是小件的物品，所以在选择相机时应该考虑选择感光元件尺寸大、具有微距功能和可更换镜头的相机。这里选择"Canon（佳能）EOS70D单反套机"，如图2-33所示。

图2-34 选择辅助器材

STEP 03 准备好制作小摄影棚需要的材料，包括美工刀、尺子、固体胶、透明胶和纸等，如图2-35所示。将纸箱摊平，使用铅笔在纸箱的各个面（顶面、底面、左面、右面）上画出需要保留的边界线。

图2-33 选购相机

STEP 02 相机选择完成后，还要根据摄影棚的大小选择配件和辅助器材。因为摄影棚较小，所以在选择时多选择遮光罩、照明灯、背景纸等常规小件辅助器材，并将其放于一侧，如图2-34所示。

图2-35 准备制作小摄影棚的材料

STEP 04 使用美工刀沿着纸箱 4 个面的边界线进行裁剪。裁剪时不要直接切掉多余部分，应该在每面的 4 个角处预留一些，等所有面都切完后，再一次全切掉，这样纸箱不容易因为切割时的压力而被压坏，如图 2-36 所示。

图2-36　裁剪纸箱

STEP 05 将中间掏空，注意裁剪的时候要保证切口平直。打开箱子的顶部，合上底部。用胶布将纸箱边缝和中缝贴合，保证箱子底部的完整，如图 2-37 所示。

图2-37　裁剪纸箱

STEP 06 拿一块优质纸板，以纸箱的宽度和高度为标准进行裁剪，制作一个展示台，并在上面涂上深色作为背景，整体效果如图 2-38 所示。

图2-38　制作展示台

STEP 07 完成箱子的拼接后，在外侧使用黑色和白色背景纸进行后期制作，并添加照明工具查看照明的效果，这里多使用白炽灯来完成，如图 2-39 所示。

图2-39　包装制作摄影棚并添加光源

STEP 08 在展示台中铺上白色背景纸等进行装饰，放入商品即可进行拍摄。拍摄时应注意商品的摆放角度，可从侧 45° 角进行拍摄，拍摄效果如图 2-40 所示。

图2-40　完成拍摄

经验之谈：拍摄中若是觉得外面打进来的光不够明亮，可直接从小摄影棚的上面打光到物体表面，这样更容易拍摄。

图2-40　完成拍摄（续）

2.6　疑难解答

　　网店美工在实际的拍摄工作中，往往还会遇到一些问题，如相机背带、三脚架等辅助器材的使用方法和使用目的，内置闪光灯、机顶闪光灯和影室闪光灯这3种闪光灯的区别和适用范围，以及在拍照前是否需要对相机进行设置等。虽然这些都是细节问题，但一旦出了差错就会对拍摄效果造成很大的影响，下面笔者就根据自身经验和专业知识来对此分别进行解答。

1.　相机背带和三脚架该如何使用，其目的是什么？

　　在使用相机背带时，把相机背带放长挂在脖子上，或将相机背带收短缠在右手臂上，再通过横向或竖向持机的方法握住相机，可以起到一定的防护作用，保持握机的稳定性；而三脚架则是通过在相机底部的螺丝孔安装一个快装板，将三脚架固定在地面上，调节到适当的高度，然后将装有快装板的相机固定在三脚架上，就可以保证相机的稳定，使拍摄更加平稳。

2.　闪光灯分为内置闪光灯、机顶闪光灯和影室闪光灯，那么其中哪个闪光灯更利于商品拍摄？

　　对商品拍摄而言，内置闪光灯会直接将强光照射在被拍摄的物品上，产生的阴影较大，因此不建议使用；而机顶闪光灯价格较贵、成本较高；影室闪光灯可以满足室内高要求的拍摄，对闪光灯的输出光亮及色温都有相应的提高，适合商品拍摄时使用，但体积较大。

3.　相机是拿到手中就进行拍摄，还是需要进行设置后才能拍摄？

　　相机拿到手后，还需要对单反相机的白平衡、曝光等进行设置，这些设置方法一般会在相机的说明书中进行介绍。

2.7 课后习题

　　（1）网店准备上架一批小尺寸的玉石把件和首饰，现在请你去单反商城选购一台单反相机来进行商品的拍摄工作，要求价格合理且经济实用。

　　（2）对玻璃瓶装商品进行拍摄，要求自制小型摄影棚并设置光源，其效果如图2-41所示。

　　（3）在摄影棚拍摄一款编织包，要求能展现出商品的细节与特点，表现出商品的质感与光泽，布光可参考图2-42。

图2-41　拍摄瓶装商品图

图2-42　对编织商品进行布光

第 **3** 章

商品图片的美化与修饰

　　当商品图片拍摄完成后，为了让商品图片展现出的视觉效果更加吸引人，还需要选择合适的图像处理软件对图片进行处理，进一步提高商品图片的美观度。处理后的商品图片可直接用于店铺装修与美化。Photoshop是专门用于图像处理的软件，具有强大的图像处理功能。下面利用Photoshop CC 2019对商品图片的美化与修饰方法对这些功能进行具体介绍，包括调整商品图片大小、商品图片的调色、商品图片的抠取、商品图片的优化、为商品图片添加文字与形状等，并有针对性地对模特图片和商品图片的美化与修饰进行介绍。

学习目标

- 掌握调整商品图片大小的方法
- 掌握用Photoshop为商品图片调色的方法
- 学习抠图的不同方法
- 掌握文字和形状的输入方法
- 能独立判断商品图片效果，并熟练掌握模特皮肤的处理方法

3.1 调整商品图片大小

商品图片拍摄完成后，由于商品图片使用情况不同，所以需要的尺寸大小也不同。此时可以先调整商品图片的尺寸，再根据需求对商品图片进行裁剪等操作。本节先讲解网店图片的常见尺寸，再对调整商品图片尺寸与裁剪商品图片的方法分别进行介绍。

3.1.1 网店图片的常见尺寸

不同店铺对图片尺寸要求是不同的。店铺装修中需要用到首页、主图、商品详情页等模板，这些模板一般都有一定的尺寸限制或者大小限制，清楚这些限制，是制作这些模板的前提。表3-1所示为常见的图片尺寸及具体要求。

表 3-1　常见的图片尺寸及具体要求

图片名称	尺寸要求	支持图片格式
（淘宝）店标	80 像素 ×80 像素	GIF、JPG、PNG
（淘宝）主图	800 像素 ×800 像素	GIF、JPG、PNG
（淘宝）直通车图	800 像素 ×800 像素	GIF、JPG、PNG
（淘宝）智钻图	640 像素 ×200 像素、520 像素 ×280 像素、170 像素 ×200 像素、375 像素 ×130 像素、168 像素 ×175 像素	GIF、JPG、PNG
（淘宝）店招	默认：950 像素 ×120 像素 全屏：1920 像素 ×150 像素	GIF、JPG、PNG
（淘宝）全屏轮播	建议：1920 像素 ×540 像素	GIF、JPG、PNG
（淘宝）商品详情页	宽度 750 像素，高度不限	GIF、JPG、PNG
（天猫）商品详情页	宽度 790 像素 /750 像素，高度不限	GIF、JPG、PNG
（唯品会）首页	宽度 1920 像素，高度不限	GIF、JPG、PNG
（唯品会）主图	1100 像素 ×1390 像素	GIF、JPG、PNG
（唯品会）商品详情页	宽度 990 像素，高度不限	GIF、JPG、PNG
（京东）首页	宽度 1920 像素，高度不限	GIF、JPG、PNG
（京东）商品详情页	宽度 990 像素，高度不限	GIF、JPG、PNG
（京东）主图	800 像素 ×800 像素	GIF、JPG、PNG

3.1.2　调整商品图片尺寸

使用相机拍摄的商品图片尺寸都比较大，不符合网店各板块对图片的尺寸要求，因此需要对商品图片的尺寸大小进行调整。在Photoshop CC 2019中可以通过"图像大小"对话框对商品图片的大小进行调整，调整后商品图片的像素和尺寸大小将发生变化。其方法为：在Photoshop CC 2019中打开素材文件，选择【图像】/【图像大小】菜单命令，将打开"图像大小"对话框，在其中设置尺寸，设置完成后单击 确定 按钮即可，如图3-1所示。

图3-1　调整商品图片尺寸

3.1.3　裁剪商品图片

当商品图片的构图不符合实际需要，或只需要使用商品图片的某一部分时，可对商品图片进行裁剪操作。下面将从按固定尺寸裁剪图片和裁剪细节图片两个方面，对裁剪商品图片的方法进行介绍。

1.　按固定尺寸裁剪图片

在制作商品图片时，常会要求网店美工将其中的商品图片裁剪为某个固定尺寸，以便于后期编辑，此时使用按固定尺寸裁剪图片的方法，将会使操作变得快捷。本例将打开"月饼.jpg"素材文件，将其裁剪为800像素×800像素的固定大小，保留中间部分，便于后期主图的制作，其具体操作如下。

扫一扫　实例演示

STEP 01 打开"月饼.jpg"素材文件（配套资源:\素材文件\第3章\月饼.jpg），在工具箱中选择"裁剪工具" 🔲，在工具属性栏中的"选择预设长宽比或裁剪尺寸"下拉列表中选择"宽×高×分辨率"选项，在右侧的文本框中分别输入"800像素""800像素""72"，在"分辨率"下拉列表中选择"像素/英寸"选项，如图3-2所示。

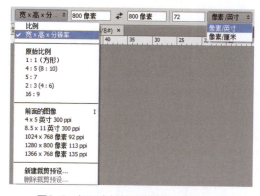

图3-2　打开素材并设置裁剪工具的参数

STEP 02 返回图像编辑区，可以发现图像中已经出现了裁剪框，按住鼠标左键不放并进行拖曳，以调整裁剪框在月饼中的位置，然后单击"移动工具"  即可完成裁剪操作，如图3-3所示。

图3-3　调整裁剪位置

STEP 03 打开"月饼背景.psd"素材文件（配套资源:\素材文件\第3章\月饼背景.psd）。

STEP 04 将裁剪后的商品图片拖动到主图背景中，可以发现裁剪后的月饼素材刚好与背景重合。

STEP 05 按"Ctrl+S"组合键保存图像并查看完成后的效果，如图3-4所示（配套资源:\效果文件\第3章\月饼主图.psd）。

图3-4　完成后的效果

2. 裁剪细节图片

　　细节图的好坏在一定程度上决定了一款商品是否能够在第一时间吸引消费者，是影响成交的主要因素之一。大量的细节图片是全方位表现商品各种外观性能的最好方法。细节图可以直接使用拍摄的原图进行放大裁剪，但该方法只适用于高质量、高清晰度的商品图片，若图片质量不佳则建议使用具有微距功能的相机进行细节特写拍摄。裁剪细节的方法为：打开商品图片，选择"裁剪工具" ，此时在图像编辑区中将出现8个控制点用于确认裁剪区域，按住"Alt"键不放并拖动控制点以确认

裁剪区域，完成后单击图像的其他区域即可完成细节部分的裁剪操作，效果如图3-5
所示。

图3-5　裁剪细节部分

3.2　商品图片的调色

　　完成商品图片的大小调整后，即可对商品图片中存在的色彩问题进行调整，还原
其真实效果。下面将以调整偏色的商品图片、调整模糊的商品图片、调整曝光不足的
商品图片、调整曝光过度的商品图片为例，分别讲解商品图片色彩的调整方法。

↘ 3.2.1　调整偏色的商品图片

　　拍摄环境会影响商品图片的最终颜色，有时还会出现偏色的
情况，此时就需要对偏色的商品图片进行校正，使其恢复原本的
颜色。本例将打开"蔬菜.jpg"素材文件，通过"色彩平衡""可
选颜色""亮度/对比度"命令对其颜色进行校正，其具体操作
如下。

扫一扫　实例演示

STEP 01 打开"蔬菜 .jpg"素材文件（配
套资源 :\ 素材文件 \ 第 3 章 \ 蔬菜 .jpg），
可发现其整体色调偏红，其中的西红柿
还存在偏色现象，按"Ctrl+J"组合键复
制图层，如图 3-6 所示。

图3-6　打开素材文件

STEP 02 选择【图像】/【调整】/【色彩平衡】菜单命令，打开"色彩平衡"对话框，在"色调平衡"栏中单击选中"高光"单选项，在"色彩平衡"栏中设置"色阶"分别为"−5""+21""−17"，如图3-7所示。

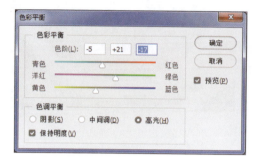

图3-7 设置高光参数

STEP 03 在"色调平衡"栏中单击选中"中间调"单选项，在"色彩平衡"栏中设置"色阶"分别为"−5""−5""+10"，如图3-8所示。

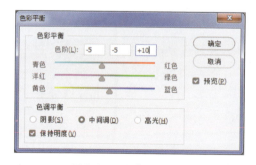

图3-8 设置中间调参数

STEP 04 在"色调平衡"栏中单击选中"阴影"单选项，在"色彩平衡"栏中设置"色阶"分别为"−20""0""+10"，单击 确定 按钮，如图3-9所示。

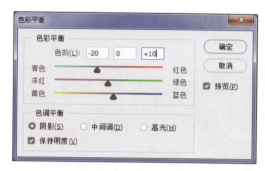

图3-9 设置阴影参数

STEP 05 返回图像编辑区，可以发现整个色调已经恢复为正常效果，如图3-10所示。

图3-10 调整色彩平衡后的效果

STEP 06 选择【图像】/【调整】/【可选颜色】菜单命令，打开"可选颜色"对话框，在"颜色"下拉列表框中选择"红色"选项，设置"颜色"分别为"−50""+60""+60""+40"，如图3-11所示。

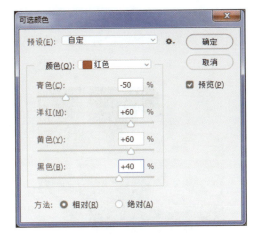

图3-11　设置可选颜色参数（红色）

STEP 07 在"颜色"下拉列表框中选择"洋红"选项，设置"颜色"分别为"-5""+10""+40""+20"，单击 确定 按钮，如图3-12所示。

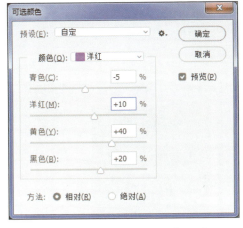

图3-12　设置可选颜色参数（洋红）

STEP 08 选择【图像】/【调整】/【亮度/对比度】菜单命令，打开"亮度/对比度"对话框，在"亮度""对比度"右侧的数值框中分别输入"40""-10"，单击 确定 按钮，按"Ctrl+S"组合键保存文件，即可查看完成后的效果（配套资源:\效果文件\第3章\蔬菜.psd），如图3-13所示。

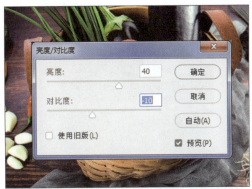

图3-13　设置亮度/对比度参数及效果图

↘ 3.2.2　调整模糊的商品图片

　　由于光线、拍摄方式等原因的影响，拍摄的商品图片往往会出现模糊的情况，此时需要对模糊的商品图片进行调整，使其恢复清晰。下面将打开"玻璃杯.jpg"素材文件，对模糊的玻璃杯进行清晰度处理，让玻璃杯的轮廓和细节更加清晰，其具体操作如下。

扫一扫　实例演示

STEP 01 打开"玻璃杯.jpg"素材文件（配套资源:\素材文件\第3章\玻璃杯.jpg），可以发现整体效果较模糊，不能很好地展现玻璃杯的细节和质感，按"Ctrl+J"组合键复制图层，如图3-14所示。

图3-14 打开素材文件

STEP 02 选择【图像】/【调整】/【色阶】菜单命令，打开"色阶"对话框，设置3个滑块值分别为"24""1.50""196"，单击 确定 按钮，效果如图3-15所示。

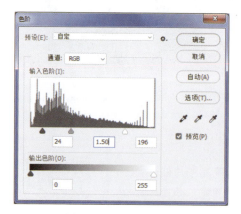

图3-15 设置色阶参数

STEP 03 按"Ctrl+J"组合键再次复制图层，选择【图像】/【调整】/【去色】菜单命令，对复制后的图层进行去色处理，效果如图3-16所示。

图3-16 去色处理后的效果

STEP 04 选择【滤镜】/【其他】/【高反差保留】菜单命令，打开"高反差保留"对话框，设置"半径"为"7"，单击 确定 按钮，如图3-17所示。

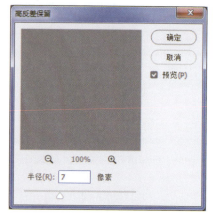

图3-17 设置高反差保留参数

STEP 05 在"图层"面板中的"设置图层的混合模式"下拉列表中选择"叠加"选项，按3次"Ctrl+J"组合键复制"图层1 拷贝"图层,此时可发现玻璃瓶变得更加清晰了,如图3–18所示。

图3-18 设置图层的混合模式

STEP 06 按住"Ctrl"键不放,依次选择除背景图层外的所有图层,按"Ctrl+Alt+E"组合键盖印图层,并将盖印后的图层拖曳到"图层1"上方,如图3–19所示。

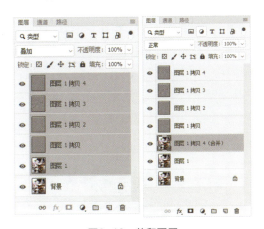

图3-19 盖印图层

STEP 07 选择【滤镜】/【锐化】/【USM锐化】菜单命令,打开"USM锐化"对话框,设置"数量""半径""阈值"分别为"105""5""70",单击 确定 按钮,如图3–20所示。

图3-20 设置USM锐化参数

STEP 08 按"Ctrl+S"组合键保存文件,查看完成后的效果(配套资源:\效果文件\第3章\玻璃杯.psd),如图3–21所示。

图3-21 完成后的效果

经验之谈:选择高反差保留命令对商品轮廓进行清晰度处理时,微调半径值保证所处理对象的轮廓显示清楚即可;若处理后的效果不太明显,可多次复制叠加图层,提高轮廓的清晰度。

↘ 3.2.3 调整曝光不足的商品图片

曝光不足的商品图片会呈现出亮度不足的效果，所以在调整该类商品图片时首先需要解决亮度问题。本例将打开"车厘子.jpg"素材文件，调整其明暗度和对比度，以增加曝光度，使商品图片恢复原本的色调，其具体操作如下。

扫一扫　实例演示

STEP 01 打开"车厘子.jpg"素材文件（配套资源:\素材文件\第3章\车厘子.jpg），可发现整体色调灰暗，商品与背景对比不够强烈，按"Ctrl+J"组合键复制图层，如图3-22所示。

图3-22　打开素材文件

STEP 02 选择【图像】/【调整】/【色阶】菜单命令，打开"色阶"对话框，设置3个滑块值分别为"0""1.40""200"，单击 确定 按钮，如图3-23所示。

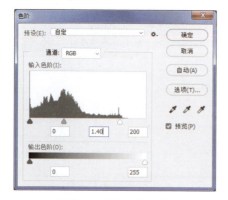

图3-23　设置色阶参数

STEP 03 选择【图像】/【调整】/【亮度/对比度】菜单命令，打开"亮度/对比度"对话框，设置"亮度""对比度"分别为"40""20"，单击 确定 按钮，如图3-24所示。

图3-24　设置亮度/对比度参数

STEP 04 选择【图像】/【调整】/【曝光度】菜单命令，打开"曝光度"对话框，设置"曝光度""位移""灰度系数矫正"分别为"+0.4""0""0.80"，单击 确定 按钮，如图3-25所示。

图3-25　设置曝光度参数

STEP 05 选择【图像】/【调整】/【阴影/高光】菜单命令，打开"阴影/高光"

对话框，设置"阴影"为"3"，"高光"为"0"，完成后单击 确定 按钮，如图3-26所示。

部也出现了更多的细节，按"Ctrl+S"组合键保存文件（配套资源:\效果文件\第3章\车厘子.psd），完成后的效果如图3-27所示。

图3-26　设置阴影/高光参数

STEP 06 返回图像编辑区，可发现车厘子的明暗对比有了明显变化，并且其暗

图3-27　完成后的效果

3.2.4　调整曝光过度的商品图片

与曝光不足相对的是曝光过度，曝光过度的商品图片会呈现出过于明亮、发白的效果，所以在调整该类商品图片时，需要先降低图片的亮度，再进行曝光度的调整。本例将打开"黄瓜.jpg"素材文件，通过"曝光度""亮度/对比度""自然饱和度"等命令对图片进行曝光度的调整，其具体操作如下。

扫一扫　实例演示

STEP 01 打开"黄瓜.jpg"素材文件（配套资源:\素材文件\第3章\黄瓜.jpg），可发现整体效果过亮，存在曝光过度的情况，按"Ctrl+J"组合键复制图层，如图3-28所示。

STEP 02 选择【图像】/【调整】/【曝光度】菜单命令，打开"曝光度"对话框，设置"曝光度""位移""灰度系数矫正"分别为"-0.28""-0.01""1"，单击 确定 按钮，如图3-29所示。

图3-28　打开素材文件

图3-29　设置曝光度参数

STEP 03 选择【图像】/【调整】/【亮度/对比度】菜单命令，打开"亮度/对比度"对话框，设置"亮度""对比度"分别为"-10""40"，单击 确定 按钮，如图 3-30 所示。

图3-30 设置亮度/对比度参数

STEP 04 选择【图像】/【调整】/【自然饱和度】菜单命令，打开"自然饱和度"对话框，设置"自然饱和度""饱和度"分别为"+10""-10"，单击 确定 按钮，如图 3-31 所示。

图3-31 设置自然饱和度参数

STEP 05 选择【图像】/【调整】/【色阶】菜单命令，打开"色阶"对话框，设置 3 个滑块值分别为"16""0.90""240"，单

击 确定 按钮，如图 3-32 所示。

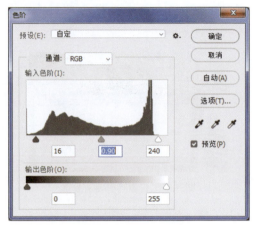

图3-32 设置色阶参数

STEP 06 选择【图像】/【调整】/【曲线】菜单命令，打开"曲线"对话框，在曲线上单击添加调整点，向下拖曳调整点，以降低整体的色调，完成后单击 确定 按钮，如图 3-33 所示。

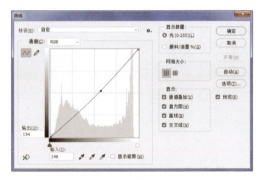

图3-33 调整曲线

STEP 07 选择【图像】/【调整】/【阴影/高光】菜单命令，打开"阴影/高光"对话框，设置"阴影"为"0"，"高光"为"20"，单击 确定 按钮，如图 3-34 所示。

图3-34　设置阴影/高光参数

图3-35　设置USM锐化参数

STEP 08 选择【滤镜】/【锐化】/【USM锐化】菜单命令，打开"USM锐化"对话框，设置"数量""半径""阈值"分别为"40""5""20"，单击 确定 按钮，如图3-35所示。

STEP 09 返回图像编辑区，可发现黄瓜的轮廓更加清晰了，完成后按"Ctrl+S"组合键保存图像，效果如图3-36所示（配套资源:\效果文件\第3章\黄瓜.psd）。

图3-36　完成后的效果

3.3　商品图片的抠取

在制作促销主图、海报、商品详情页时，如果只有简单的实物展示图是很难吸引消费者浏览商品的，此时若为商品图片替换更加具有视觉吸引力的背景，可加强商品图片的吸引力。抠取商品图片是完成背景替换的第一步，下面将以商品抠取方法为出发点，对纯色背景商品的抠取、杂乱背景商品的抠取、精细商品的抠取和半透明商品的抠取方法进行介绍。

↘ 3.3.1　纯色背景商品的抠取

纯色背景的商品图片可直接使用快速选择工具和魔棒工具进行抠取，其抠取方法基本相同。本例将打开"鼠标.jpg"素材文件，使用快速选择工具抠取出商品，并将其应用到天猫详情页的背景中，其具体操作如下。

扫一扫　实例演示

STEP 01 打开"鼠标 .jpg"素材文件（配套资源:\素材文件\第 3 章\鼠标 .jpg），按"Ctrl+J"组合键复制图层，如图 3-37 所示。

STEP 02 在工具箱中选择"快速选择工具" ，在工具属性栏中单击 选择主体 按钮，将自动为主体鼠标创建选区，如图 3-38 所示。

图3-39 打开素材文件

STEP 04 选择"移动工具" 将抠取后的商品图片拖曳到背景中，并调整其位置。保存图像并查看完成后的效果，如图 3-40 所示（配套资源:\效果文件\第 3 章\天猫商品详情页焦点图 .psd）。

图3-37 打开素材文件

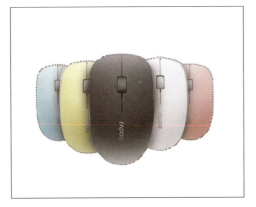

图3-38 创建抠取商品选区

STEP 03 打开"天猫商品详情页焦点图背景 .psd"素材文件（配套资源:\素材文件\第 3 章\天猫商品详情页焦点图背景 .psd），如图 3-39 所示。

图3-40 替换背景后的效果

经验之谈：当单击 [选择主体] 按钮后，若想要直接对背景进行透明化处理，可单击 [选择主体] 按钮右侧的 [选择并遮住…] 按钮打开"属性"面板，在其中可通过"不透明度""半径"对背景区域进行调整，并可直接将背景透明化显示。

3.3.2 杂乱背景商品的抠取

套索工具组中的工具都属于抠图工具，适用于抠取背景色复杂、物体边界不够清晰的图像。该工具组主要包括3种工具，分别是套索工具、多边形套索工具、磁性套索工具。本例将打开"冰箱.jpg"素材文件，使用多边形套索工具抠取背景，并将其应用到唯品会首页海报背景中，其具体操作如下。

扫一扫 实例演示

STEP 01 打开"冰箱.jpg"素材文件（配套资源:\素材文件\第3章\冰箱.jpg），如图3-41所示。

图3-41 打开素材文件

STEP 02 在工具箱中选择"多边形套索工具" ，在冰箱右上角处单击确定起始点，然后沿着冰箱的轮廓移动并单击鼠标，当回到起始位置后，将出现一个小圆，此时单击鼠标左键即可完成绘制，如图3-42所示。

图3-42 使用多边形套索工具绘制路径

STEP 03 打开"唯品会首页海报背景.psd"素材文件（配套资源:\素材文件\第3章\唯品会首页海报背景.psd）。选择"移动工具" 将抠取好的商品图片拖曳到背景中，并调整其位置。保存图像并查看完成后的效果，如图3-43所示（配套资源:\效果文件\第3章\唯品会首页海报.psd）。

图3-43　完成后的效果

↘ 3.3.3　精细商品的抠取

　　当商品图片的轮廓和背景比较复杂，或分界不明显时，使用魔棒工具或是套索工具都很难得到精确的抠图效果，此时可通过绘制路径来进行抠图。本例将打开"护肤品.jpg"素材文件，使用钢笔工具绘制路径完成抠图，并替换背景，其具体操作如下。

扫一扫　实例演示

STEP 01　打开"护肤品.jpg"素材文件（配套资源:\素材文件\第3章\护肤品.jpg），如图3-44所示。

STEP 02　在工具箱中选择"钢笔工具" ⌀.，在护肤品商品图片上选择一个边缘点，单击确定为所绘路径的起点位置，如图3-45所示。

图3-44　打开素材文件

图3-45　确定路径起点

STEP 03 沿着护肤品的边缘轮廓再次单击确定另一个锚点，并按住鼠标左键不放，创建平滑点，如图 3-46 所示。

图3-46　创建平滑点

STEP 04 向上移动鼠标指针，单击并移动鼠标，创建第二个平滑点，如图 3-47 所示。注意要紧贴护肤品轮廓，不然达不到抠取商品的目的。

图3-47　创建第二个平滑点

STEP 05 使用相同的方法绘制护肤品的路径，当路径不够圆滑时可通过"添加锚点工具"按钮和"删除锚点工具"按钮对锚点进行调整，使其与护肤品更加贴合，如图 3-48 所示。

STEP 06 在图片上单击鼠标右键，在弹出的快捷菜单中选择"建立选区"命令，

打开"建立选区"对话框，设置"羽化半径"为"1"，单击 确定 按钮，如图 3-49 所示。

图3-48　完成路径的绘制

图3-49　建立选区

STEP 07 打开"护肤品背景 .psd"素材文件（配套资源 :\ 素材文件 \ 第 3 章 \ 护肤品背景 .psd）。选择"移动工具"将抠取后的商品图片拖曳到背景中，并调整其位置，完成后保存文件并查看效果，效果如图 3-50 所示（配套资源 :\ 效果文件 \ 第 3 章 \ 护肤品海报 .psd）。

图3-50 完成后的效果

↘ 3.3.4 半透明商品的抠取

半透明商品是一些特殊的商品，如酒杯、婚纱、冰块等。使用一般的抠图工具抠取半透明商品图片时，很难得到想要的透明效果，因此需结合钢笔工具、图层蒙版和通道等进行抠图。下面以抠取婚纱为例讲解半透明商品图片的抠图方法，其具体操作如下。

扫一扫 实例演示

STEP 01 打开"婚纱.jpg"素材文件（配套资源:\素材文件\第3章\婚纱.jpg），按"Ctrl+J"组合键复制背景图层，得到"图层1"图层，如图3-51所示。

STEP 02 在工具箱中选择"钢笔工具"，沿着人物轮廓绘制路径，注意绘制的路径中应不包括半透明的婚纱部分。按"Ctrl+Enter"组合键将绘制好的路径转换为选区，如图3-52所示。

图3-52 绘制路径并转换为选区

图3-51 复制背景图层

STEP 03 打开"路径"面板，单击右上角的"设置"按钮≣，在打开的下拉列表中选择"存储路径"选项，在"存储路径"对话框中将路径"名称"设置为"路径1",如图3-53所示。

图3-53 存储路径

STEP 04 单击"路径"面板底部的"将路径作为选区载入"按钮 ⃝ ,即可将选区存储为通道,如图3-54所示。

图3-54 将选区存储为通道

STEP 05 选择"蓝"通道,将其拖动到"创建新通道"按钮 ⃞ 上,即可复制"蓝"通道得到"蓝拷贝"通道,如图3-55所示。

STEP 06 使用"钢笔工具" ⌀ 创建背景路径,新建"路径2",按"Ctrl+Enter"组合键将创建的路径转换为选区,并将其填充为"黑色",按"Ctrl+D"组合键取消选区,如图3-56所示。

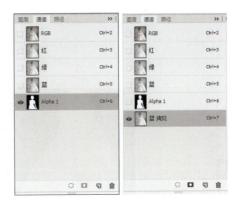

图3-55 复制蓝通道

图3-56 绘制路径并填充选区

STEP 07 选择【图像】/【计算】菜单命令,打开"计算"对话框,在"源2"的"通道"下拉列表框中选择"Alpha1"选项,在"混合"下拉列表框中选择"相加"选项,单击 确定 按钮,如图3-57所示。

图3-57 计算通道

STEP 08 查看计算通道后的效果,再在

"通道"面板底部单击"将通道作为选区载入"按钮 ⊙，即可载入通道的人物选区，如图 3-58 所示。

图3-59　查看抠取效果

STEP 10 打开"天猫首页海报 .jpg"素材文件（配套资源 :\ 素材文件 \ 第 3 章 \ 天猫首页海报 .jpg），将人物拖曳到"婚纱背景 .jpg"图片中，并调整其大小与位置，此时可发现婚纱四周还有灰色轮廓，如图 3-60 所示。选择"橡皮擦工具" ✐ 擦除婚纱四周的边缘，使婚纱过渡效果更美观。

图3-58　载入选区

STEP 09 打开"图层"面板，选择"图层 1"图层，按"Ctrl+J"组合键复制选区到"图层 2"图层上，隐藏其他图层，查看抠取的婚纱效果，如图 3-59 所示。

STEP 11 按"Ctrl+T"组合键变换图片，在图片中单击鼠标右键，在弹出的快捷菜单中选择"水平翻转"命令，完成后按"Ctrl+S"组合键保存文件，查看完成后的效果，如图 3-61 所示（配套资源 :\ 效果文件 \ 第 3 章 \ 天猫首页海报 .psd）。

图3-60　添加素材到背景中

经验之谈：在选择通道时，可分别查看 3 个通道的对比，选择对比最明显的通道，这样更方便涂抹和抠取；在抠取背景时，除了可以通过钢笔工具进行抠取外，还可以直接使用画笔工具进行涂抹。

图3-61 完成后的效果

3.4 商品图片的优化

通过相机拍摄的商品图片常会出现一些拍摄瑕疵，如曝光过度、明暗关系不明显、商品图片中存在污点、背景与商品主次不清等情况。前面对图片的色彩颜色进行了调整，下面将对瑕疵进行优化，并对背景进行虚化，使其更加美观。

↘ 3.4.1 修复商品图片瑕疵

摄影师在拍摄商品图片时，为了完整地展现商品的特点，有时会扩大取景范围，但这可能导致商品图片中出现瑕疵或多余的对象，特别是在外景拍摄的图片中这种情况更加常见。遇到这种情况时，网店美工可以使用修复工具去除图片中的瑕疵。本例将去除"街拍女装.jpg"素材文件中多余的人物，使背景更加干净，主体人物更加突出，其具体操作如下。

扫一扫 实例演示

STEP 01 打开"街拍女装.jpg"素材文件（配套资源:\素材文件\第3章\街拍女装.jpg），如图3-62所示。从图中可以看出，模特的后方有多余的人物，整体画面显得有些杂乱。

图3-62 打开素材文件

STEP 02 在工具箱中选择"修补工具" ![] ，在工具属性栏中设置"修补"为"内容识别"，在图片编辑区中选择后方的黑色衣服人物，按住鼠标左键不放并拖动鼠标指针框选该人物，此时框选区域将变为选区，如图3-63所示。

图3-63 框选多余人物

STEP 03 将鼠标指针移至选区内，按住鼠标左键向右拖曳选区至空白场景中，释放鼠标后该人物选区已被修复为鼠标拖动后目标位置所在的场景，但其中还是存在一些瑕疵，如图3-64所示。

图3-64 去除多余人物

STEP 04 选择"仿制图章工具" ![] ，在工具属性栏中设置画笔"大小"为"6"，在瑕疵的右侧按住"Alt"键后单击进行

取样，在瑕疵处拖曳鼠标指针对瑕疵进行覆盖，若拖曳过程中发现瑕疵没有被覆盖，可在不同区域取样再进行覆盖，如图3-65所示。

图3-65 处理瑕疵

STEP 05 使用相同的方法对左侧玩手机的人物进行去除，效果如图3-66所示。注意：修复时要注意海面和路面是否存在需要修复的地方，并进行同步修复，否则会出现拖曳后的效果与原图片不匹配的情况。

图3-66 去除后的效果

STEP 06 由于最左侧人物过多，如果单纯使用修补工具一个个进行修补将会显得过于麻烦。此时，选择"内容感知移

动工具"，在工具属性栏中设置"模式"为"扩展"，在右侧的空白区域中绘制矩形选区，如图 3-67 所示。

图3-67　绘制矩形选区

STEP 07 将选区向左拖曳到左侧多余人物中，调整选区的位置，注意要与公路上的线重合，否则将不够契合。完成后单击"移动工具"取消变换，再按"Ctrl+D"组合键取消选区，效果如图 3-68 所示。

图3-68　移动选区去除多余人物

STEP 08 选择"仿制图章工具"，按住"Alt"键在右侧海滩区域单击进行取样，在多余人物的头部和左侧区域进行拖曳，以修补瑕疵区域，效果如图 3-69 所示。

图3-69　修补瑕疵区域

STEP 09 使用相同的方法将剩下的多余人物去除，完成后按"Ctrl+S"组合键保存文件，查看完成后的效果，如图 3-70 所示（配套资源:\效果文件\第3章\街拍女装.jpg）。

图3-70　完成后的效果

经验之谈：除了使用修补工具去除多余的对象外，还可使用污点修复画笔工具、修复画笔工具、内容感知移动工具等进行图像的修复，它们的使用方法基本相同；去除多余对象后还可对背景进行虚化，使商品在背景中更加突出。

↘ 3.4.2 虚化商品图片背景

若商品图片背景过于突出，网店美工可使用模糊工具对背景进行虚化处理，避免其喧宾夺主。本例将打开"街拍商品图片.jpg"素材文件，使用模糊工具模糊全部场景，再使用加深工具增强人物主体的亮度，使人物主体更加美观、突出，其具体操作如下。

扫一扫　实例演示

STEP 01 打开"街拍商品图片.jpg"素材文件（配套资源:\素材文件\第3章\街拍商品图片.jpg），按"Ctrl+J"组合键复制图层，如图 3-71 所示。

STEP 02 选择"套索工具"🔍沿着人物的轮廓绘制选区，使其框选住人物身体，如图 3-72 所示。

图3-71　打开素材文件并复制图层

图3-72　绘制选框

STEP 03 选择【滤镜】/【锐化】/【USM 锐化】菜单命令，打开"USM 锐化"对话框，设置"数量""半径""阈值"分别为"70""15""50"，单击 确定 按钮，如图 3-73 所示。

图3-73　锐化图片

STEP 04 按"Shift+Ctrl+I"组合键反向选区，选择【滤镜】/【模糊】/【高斯模糊】菜单命令，打开"高斯模糊"对话框，设置"半径"为"2.5"，单击 确定 按钮，如图 3-74 所示。

STEP 05 返回图像编辑区，按"Ctrl+D"组合键取消选区，再选择工具箱中的"加深工具"🖐，在工具属性栏中设置"画笔大小""范围""曝光度"分别为"120""中间调""50%"，用画笔对人像进行涂抹，以增强亮度，使其更加美观，如图 3-75 所示。

图3-74　设置高斯模糊参数

图3-75　加深人物颜色

STEP　06　完成后按"Ctrl+S"组合键保存文件并查看完成后的效果（配套资源:\ 效果文件 \ 第 3 章 \ 街拍商品图片 .psd ）。

经验之谈：在创建图片选区时，最好使选区与图片边缘间有一定的距离，以避免绘制选区时出错；同时还可通过锐化来提高对象的清晰度，提升其质感。

3.5　为商品图片添加文字与形状

　　商品图片效果的好坏不只由图片决定，描述文字和装饰形状也是影响商品图片效果的重要因素。为商品图片添加文字和形状，可以使图片内容更加丰富，且能更加明确地表达出图片所要表示的意思。搭配合理的文字和形状能够有效地突出商品的特点或是卖点，从而传递给消费者一种专业、美观的感觉，进而提升店铺流量和转化率。

↘ 3.5.1　为商品图片添加文字

　　文字作为商品图片中的重点，不但能传递产品信息，而且能起到促进消费的作用。在Photoshop CC 2019中，可使用文字工具直接在图片中添加文字。下面将为"天猫上新海报.psd"素材文件添加说明性文字，让其体现得更加直观，其具体操作如下。

扫一扫　实例演示

STEP　01　打开素材文件"天猫上新海报 .psd"素材文件（配套资源:\ 素材文件 \ 第 3 章 \ 天猫上新海报 .psd ），按"Ctrl+J"组合键复制图层，如图 3-76 所示。

图3-76　打开素材文件并复制图层

STEP 02　在工具箱中选择"横排文字工具" T ，在工具属性栏中设置"字体"为"汉仪综艺体简"，"字号"为"210点"，"文本颜色"为"#ffffff"，在图像编辑区的左侧分别输入文字"换""新""季"，如图3-77所示。

图3-77　输入文字"换""新""季"

STEP 03　按"Ctrl+T"组合键，使文字转换为可编辑状态，将鼠标指针移动到"换"左上角的编辑点上，按住鼠标左键向左进行拖曳，以旋转文字，然后选择"移动工具" ✛ 即可完成旋转操作，如图3-78所示。

图3-78　旋转文字"换"

STEP 04　使用相同的方法旋转其他文字，完成后的效果如图3-79所示。

图3-79　旋转其他文字

STEP 05　在"图层"面板中选择"换"图层，单击"添加图层样式"按钮 fx ，在打开的下拉列表中选择"斜面和浮雕"选项，如图3-80所示。

图3-80　添加图层样式

STEP 06　打开"图层样式"对话框，设置"大小"为"7"，"阴影颜色"为"#4a9bd2"，如图3-81所示。

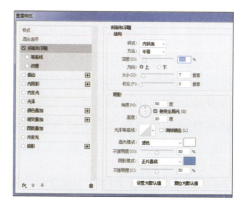

图3-81　设置斜面和浮雕参数

> **经验之谈**：还可以通过双击图层右侧的空白
> 区域打开"图层样式"对话框，在左侧单击
> 选中对应的复选框，进行参数的设置。

STEP 07 单击选中"投影"复选框，
设置"投影颜色""角度""距离""扩
展""大小"分别为"#65239c""－160"
"6""12""0"，单击 确定 按钮，如图
3-82 所示。

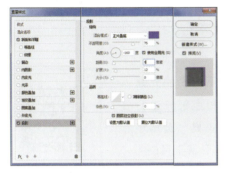

图3-82 设置投影参数

STEP 08 选择设置后的"换"图层，单
击鼠标右键在弹出的快捷菜单中选择"拷
贝图层样式"命令；然后分别选择"新"
和"季"图层，单击鼠标右键在弹出的
快捷菜单中选择"粘贴图层样式"命令，
如图 3-83 所示。

图3-83 复制图层样式

STEP 09 选择"横排文字工具" T.，选
择【窗口】/【字符】菜单命令，打开
"字符"面板，设置"字体""字号""行
距""字距""文本颜色"分别为"思源黑
体 CN""70 点""24 点""10""#8901ce"，
在文字下方输入"家居专场五折起"，然后
单击"加粗"按钮 T，如图 3-84 所示。

图3-84 输入折扣文字

STEP 10 按"Ctrl+T"组合键，使文字转
换为可编辑状态，将鼠标指针移动到文字
左上角的编辑点上，按住鼠标左键向下进
行拖曳以旋转文字，使文字与圆角矩形对
齐；完成后在该文字下方输入"6 月 30 日—
7 月 4 日"文本，在工具属性栏中设置"字
体""字号""文本颜色"分别为"思源黑
体 CN"，"40 点""#ffffff"，效果如图 3-85
所示。

图3-85 输入日期文字

STEP 11 完成后按"Ctrl+S"组合键保

存文件并查看完成后的效果，如图 3-86 所示（配套资源 :\ 效果文件 \ 第 3 章 \ 天猫
上新海报 .psd）。

图3-86　完成后的效果

3.5.2　为商品图片添加形状

除了文字外，形状也是图片处理过程中必不可少的元素，
它不仅可以丰富图片的内容，还能对图片中的重点部分进行装
饰。Photoshop CC 2019中的形状工具包括矩形工具、圆角矩形
工具、椭圆工具、多边形工具、直线工具和自定形状工具6种。

扫一扫　实例演示

下面在已经输入好文字的休闲鞋海报中添加不同的形状，
使其展现的效果更加完美，其具体操作如下。

STEP　01　打开"休闲鞋海报 .psd"素材
文件（配套资源 :\ 素材文件 \ 第 3 章 \ 休
闲鞋海报 .psd），如图 3-87 所示。

图3-88　绘制直线

图3-87　打开素材文件

STEP　02　选择"直线工具" ，在工
具属性栏中设置填充颜色为 "#125850"，
在"皮面小白鞋"文字的右侧绘制一条
宽为"148 像素"、高为"5 像素"的直线，
如图 3-88 所示。

STEP　03　选择"矩形工具" ，在工具
属性栏中设置"颜色"为"#125850"，设
置矩形的大小为"500 像素 ×70 像素"，
在"随性创造独特风格"文字下方绘制矩
形，并将文字颜色修改为白色，如图 3-89
所示。

图3-89　绘制矩形并修改文字颜色

STEP 04　选择"多边形工具" ，在工具属性栏中设置填充颜色为"#125850"，单击"设置其他形状和路径选项" 按钮，在打开的下拉列表中设置半径为"90 像素"，单击选中"星形"复选框，设置"缩进边依据"为"20%"，最后在工具属性栏中设置"边"为"18"，在"两件包邮"文字下方绘制多边形，并将文字颜色修改为白色，如图3-90所示。

图3-90　绘制多边形并修改文字颜色

STEP 05　选择【图层】/【图层样式】/【渐变叠加】菜单命令，打开"图层样式"对话框，单击"渐变"栏右侧的下拉列表框打开"渐变编辑器"对话框，在其中设置渐变颜色为"#579d00"到透明，然后单击 按钮，返回"图层样式"对话框，

再次单击 按钮，即可完成渐变的添加，如图 3-91 所示。

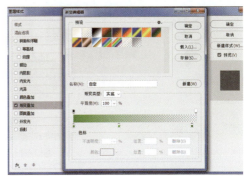

图3-91　设置渐变叠加参数

STEP 06　选择"自定形状工具" ，在工具属性栏中设置填充颜色为"#ff0000"，单击"形状"栏右侧的按钮，在打开的下拉列表中选择"横幅 3"选项，再在"特价 3 折"文本下方绘制选择的形状，完成后将文字颜色修改为白色，如图 3-92所示。

图3-92　绘制自定义形状并修改文字颜色

STEP 07　此时，可发现休闲鞋海报中对应的文字显示得更加鲜明，按"Ctrl+S"组合键保存图像并查看完成后的效果（配套资源:\效果文件\第 3 章\休闲鞋海报 .psd），如图 3-93 所示。

图3-93　完成后的效果

3.6　模特图片的处理

　　在商品图片中，人像照片占大多数，尤其是在服装店铺中，更需要通过模特图片来提高购买率。网店中的模特图片由于使用的情况不同，所以在处理方法上与其他图片存在巨大的区别，下面将分别对模特图片处理中的皮肤处理和身型处理进行介绍。

↘ 3.6.1　模特皮肤的处理

　　在皮肤处理中，最常用的方法是磨皮。磨皮的主要目的是打散人物面部皮肤的色块，让皮肤的明暗过渡更自然。磨皮的方法有很多，不同的磨皮方法对照片的处理效果不同，但其目的是相同的。下面将对"雀斑女孩.jpg"图片进行人物皮肤的处理，其具体操作如下。

扫一扫　实例演示

STEP 01 打开"雀斑女孩.jpg"素材文件（配套资源:\素材文件\第3章\雀斑女孩.jpg），如图3-94所示。选择背景图层，按住鼠标左键将其拖曳至"创建新图层"按钮□上，以复制背景图层。

STEP 02 选择【滤镜】/【模糊】/【高斯模糊】菜单命令，打开"高斯模糊"对话框，设置"半径"为"4"，单击 确定按钮，如图3-95所示。

图3-94　打开素材文件

图3-95　设置高斯模糊参数

图3-96　凸显轮廓（续）

STEP 04 选择【图像】/【调整】/【曲线】菜单命令，打开"曲线"对话框，在曲线框内单击曲线的中间位置，按住鼠标左键不放并向上拖曳，以提高图片的亮度，完成后单击 确定 按钮，如图 3-97 所示。

> 经验之谈：在设置模糊半径时，可根据局部轮廓进行设置；人物照片中，应保留照片的轮廓，不要过度模糊，以免使其虚拟化。

STEP 03 选择"历史记录画笔工具" ✐ 在商品图片上进行涂抹，涂抹不需要模糊的部分，使其恢复到模糊前的状态；继续进行涂抹，将人物的轮廓、眼睛以及衣服等不需要模糊的部分显示出来，涂抹前后的效果如图 3-96 所示。

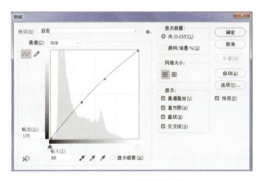

图3-97　调整曲线形状

STEP 05 选择"污点修复画笔工具" ✐ 在明显的污点上单击，以修复污点。

STEP 06 选择"裁剪工具" ✄ 对人物进行裁剪，只保留脸部效果，完成后的效果如图 3-98 所示（配套资源:\效果文件\第 3 章\雀斑女孩 .psd）。

图3-96　凸显轮廓

图3-98　完成后的效果

↘ 3.6.2　模特身型的处理

模特图片一般会比只有商品的图片更能激发消费者的购买欲望，而除了模特的皮肤，模特的身型也可能并不完美，如手臂过粗、腰部有赘肉或腿型不好看等。这些缺陷可使用Photoshop CC 2019进行处理，下面将主要对模特腰部和腿部的处理方法进行介绍，其他部位的处理可借鉴参考。

1.　模特细腰的处理

在模特的身型处理中，细腰是处理中必不可少的一部分，它不仅能衬托模特的身材，还能体现服饰的优势。下面将使用变形工具对"细腰处理.jpg"模特图片进行细腰的处理，其具体操作如下。

扫一扫　实例演示

STEP 01 打开"细腰处理.jpg"素材文件（配套资源:\ 素材文件 \ 第 3 章 \ 细腰处理 .jpg），可看到模特腰部的赘肉明显，如图 3-99 所示。

STEP 02 按"Ctrl+J"组合键复制背景图层，按"Ctrl++"组合键放大图像，选择"矩形选框工具"在人物腰身处创建选区，如图 3-100 所示。

图3-99　打开素材文件

图3-100　创建矩形选框

STEP 03 按 "Ctrl+T" 组合键显示矩形定界框，单击鼠标右键，在弹出的快捷菜单中选择 "变形" 命令，显示变形框，如图 3-101 所示。

图3-101　显示变形框

STEP 04 将鼠标指针移动到变形框内，当鼠标指针变为 ▶ 形状时，向右拖曳变形框内的网格，以调整腰身，如图 3-102 所示。

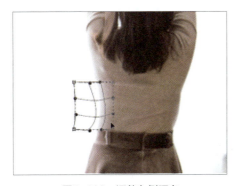

图3-102　调整左侧腰身

STEP 05 按 "Enter" 键确认变形，使用相同的方法对右侧腰身进行处理，如图 3-103 所示。

STEP 06 完成后的效果如图 3-104 所示（配套资源:\ 效果文件 \ 第 3 章 \ 细腰处理 .psd）。

图3-103　调整右侧腰身

图3-104　完成后的效果

2. 模特美腿的处理

下面将使用矩形选框工具对 "女裤.jpg" 商品图片进行人物腿部拉长的处理，使整体效果更加美观，其具体操作如下。

STEP 01 打开 "女裤 .jpg" 素材文件（配套资源:\ 素材文件 \ 第 3 章 \ 女裤 .jpg），按 "Ctrl+J" 组合键复制 "背景" 图层。

扫一扫　实例演示

STEP 02 选择"矩形选框工具" 在人物腿部绘制矩形选框，按"Ctrl+T"组合键显示矩形定界框，如图3-105所示。

图3-105 绘制矩形选框并显示定界框

STEP 03 将鼠标指针移动到定界框右下方的定界点上，当鼠标指针变为 形状时，按住"Shift"键不放并向下拖曳鼠标以拉长人物腿部，按"Enter"键确认操作，按"Ctrl+D"组合键取消选区，完成后的效果如图3-106所示（配套资源:\效果文件\第3章\女裤.jpg）。

图3-106 拉长腿部后的效果

3.7 综合实训——制作旅行包促销图

现有一款旅行包要进行促销，为了让商品图片更加具有卖点，提高点击率，需要对该商品图片进行制作。商品图片作为消费者购买的依据，它不仅要真实、清晰、完整地展示产品，还要通过文字、场景等突出产品的卖点和亮点，达到最大限度地吸引消费者的目的。图3-107所示为旅行包的原图，可以看出该图片曝光不足，需要进行优化处理。制作相应的效果图时，要求体现出商品的如下特征：销量高——单月卖出3000个；价格优惠——亏本促销，89.9元包邮。图3-108所示为经过处理后的图片，该商品图片既体现出了商品用途，又体现出了商品的性价比。

图3-107 商品原图

图3-108 处理后的效果图

1. 设计思路

根据商品高端大气的特点，可从以下几个方面进行美化设计。

（1）商品图片拍摄时曝光不足，导致颜色太暗，在保证商品真实性的前提下，先对商品图片进行亮度和颜色的调整，增加商品图片的明暗对比与色彩鲜艳度。

（2）商品为大容量旅行包，适合户外长途旅行时携带。针对户外和大容量这两个特点，考虑选择带有雪山、云雾素材的背景，不仅会让消费者产生心旷神怡的感觉，还会提升商品带给消费者的视觉体验。

（3）将商品的真实单月销量"3000个"以文字的形式体现在图片中，并放大销量文本的字号以吸引消费者眼球；然后再将消费者关注的商品价格"89.9元"以稍小一些的字号放置在下方，让消费者的视线再转移到价格上。

（4）为了突出商品的促销效果，可以添加其他的促销文字，如"仅限今日"等；考虑到让文字更加突出，可以设置文字的效果，如在文字下方绘制深色的底纹（底纹形状可以采用形状工具进行绘制），并为文字填充与商品和背景颜色相搭配的颜色。

2. 知识要点

要想完成本实训的操作，需要掌握以下知识。

（1）通过"色阶""曲线""对比度"命令对商品图片的颜色进行调整，对曝光不足的区域进行整体调整。

（2）使用"魔术棒工具"抠取旅行包，并将其拖曳到素材图片中，让消费者感受到包的使用环境；然后调整包的大小和位置。

（3）添加"图层样式"来调整旅行包的阴影，使旅行包更具有立体感，更能展示商品的质量。

（4）使用"矩形工具" ▭ 绘制矩形，使用"多边形工具" ⬡ 绘制三角形，使用"椭圆工具" ⬭ 绘制椭圆；在形状上添加文本，突出文本的同时使图片更具有设计感。

（5）输入与场景和商品卖点贴合的文字，达到吸引消费者的目的；并且对文字的大小和字体进行设置，体现出文字的对比效果。

3. 操作步骤

下面将制作户外旅行包促销图。先对旅行包的亮度、对比度和色彩进行调整，使其显示效果更佳；然后为其添加富有意境的背景、文字和形状，达到吸引消费者点击的目的，其具体操作如下。

扫一扫　实例演示

STEP 01 打开"旅行包 .jpg"素材文件（配套资源:\ 素材文件 \ 第 3 章 \ 旅行包 .jpg），按"Ctrl+J"组合键复制图层，如图 3-109 所示。

STEP 02 选择【图像】/【调整】/【色阶】菜单命令，打开"色阶"对话框，在其中设置参数如图 3-110 所示，然后单击 确定 按钮。

图3-109　打开素材文件

图3-110　设置色阶参数

STEP 03 选择【图像】/【调整】/【曲线】菜单命令，打开"曲线"对话框，单击创建 2 个不同的点，分别拖曳点对图像进行调整，完成后单击 确定 按钮，如图 3-111 所示。

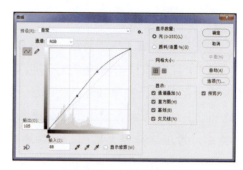

图3-111　调整曲线形状

STEP 04 选择【图像】/【调整】/【亮度 / 对比度】菜单命令，打开"亮度 / 对比度"对话框，设置"亮度""对比度"分别为"14""36"，单击 确定 按钮，如图 3-112 所示。

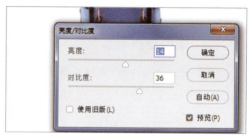

图3-112　设置亮度/对比度参数

STEP 05 选择【图像】/【调整】/【曝光度】菜单命令，打开"曝光度"对话框，设置"曝光度""位移"分别为"+ 0.1""-0.01"，单击 确定 按钮，如图 3-113 所示。

图3-113　设置曝光度参数

STEP 06　选择"魔术棒工具" ，再选择背景空白区域，按"Ctrl+Shift+I"组合键反选选区，再按"Ctrl+J"组合键复制该图层，隐藏背景后查看抠取的旅行包效果，如图3-114所示。

图3-114　抠取旅行包

STEP 07　选择【文件】/【打开】菜单命令，打开"打开"对话框，在其中选择"登山背景.jpg"素材文件，单击 打开(O) 按钮。

STEP 08　选择抠取的旅行包图片，将其拖曳到背景图片中放置在适当的位置，并调整大小，如图3-115所示。

图3-115　裁剪背景图片

STEP 09　在"图层"面板中单击"添加

图层样式"按钮 ，在打开的下拉列表中选择"投影"选项，打开"图层样式"对话框，在其中设置"投影颜色""不透明度""角度""距离""扩展""大小"分别为"#413c3c""20""120""10""50""15"，单击 确定 按钮，如图3-116所示。

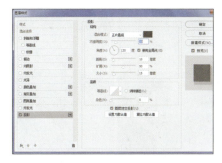

图3-116　设置投影参数

STEP 10　打开"云朵.psd"素材文件（配套资源:\ 素材文件 \ 第3章 \ 云朵.psd），选择其中的云朵素材，将其拖曳到背景图片中，并调整其大小和位置，并设置图层"不透明度"为"75%"，效果如图3-117所示。

图3-117　添加云朵后的效果

STEP 11　选择"矩形工具" ，设置填充颜色为"#444d66"，拖曳鼠标绘制一个"340像素×330像素"的矩形；使用相同的方法，选择"多边形工具" ⬡，绘制一个"450像素×240像素"、边数为"3"的三角形；选择"椭圆工具" ⬭，绘制一个"450像素×450像素"的椭圆。将它们调整到图3-118所示的位置。

图3-118　绘制形状

STEP 12 选择"横排文字工具" T，在矩形中输入文字"单月卖出"，并设置"字体"为"黑体"，"字号"为"55点"；使用相同的方法，分别输入文字"3000个""亏本促销""89.9元""包邮""仅限今日"，并分别设置字体和字号，效果如图3-119所示。

图3-119　输入文字

STEP 13 选择"89.9元"图层，打开"图层样式"对话框，单击选中"斜面和浮雕"

复选框，设置"样式"和"方法"分别为"内斜面"和"平滑"，如图3-120所示。

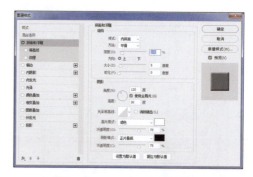

图3-120　设置斜面和浮雕参数

STEP 14 单击选中"纹理"复选框，设置"图案""缩放""深度"分别为"Fractures""20""+90"，如图3-121所示。

图3-121　设置纹理参数

STEP 15 单击选中"描边"复选框，设置"大小""位置""不透明度""颜色"分别为"1""外部""89""#000000"，单击 确定 按钮，如图3-122所示。

图3-122　设置描边参数

STEP 16 按"Ctrl+S"组合键保存图像并查看完成后的效果（配套资源:\效果文件\第3章\登山包促销图.psd），如图3-123所示。

图3-123　完成后的效果

3.8 疑难解答

新手在处理商品图片的过程中，经常会遇到各种各样的问题，下面笔者将根据自己的经验对大部分新手遇到的一些共性问题提出解决的办法。

1. 淘宝商品图片有什么要求吗？

除了满足淘宝平台对图片的尺寸和大小要求外，还要保证图片中的主体商品清晰干净、大小适中，背景色与主体商品的颜色搭配和谐，适合店铺的整体风格。

2. 商品图片抠图前的分析工作有哪些？

在进行商品抠图前，网店美工需要先根据图片的特点分析应采用的抠图方式。常用的图片分析方法有以下两种，下面分别进行介绍。

● 分析对象的形状特征。首先观察需要抠取对象的形状特征，若为几何图形，则可使用选框工具和多边形套索工具进行抠取；若为不规则图形，则可使用钢笔工具进行抠取。选框工具中一般使用矩形选框工具和椭圆选框工具，拖动鼠标指针即可完成选区的创建；多边形套索工具与本章讲解的磁性套索工具属于同一类工具。

● 分析对象的色彩特征。若需要抠取与背景色差较大的某一色彩对象时，则可通过魔棒工具和"色彩范围"命令进行抠取。即使是毛发类等要求精确度很高的图片，也可以通过"色彩范围"命令来实现。

3.9 课后习题

（1）本练习将打开月饼素材文件（配套资料:\素材文件\第3章\月饼（2）.jpg、月饼背景2.psd），对月饼的颜色进行调整，抠取月饼并更换背景。处理后的月饼海报中加入了灯笼、树叶等素材，不但美观，而且更具有中秋氛围，效果如图3-124所示（配套资料:\效果文件\第3章\月饼海报.psd）。

图3-124　处理后的月饼海报

（2）本练习将打开女鞋素材文件（配套资源:\素材文件\第3章\京东女鞋主图.jpg），调整整体色调，使整体主图更加美观，完成前后的效果如图3-125所示（配套资源:\效果文件\第3章\京东女鞋主图.psd）。

处理前效果

处理后效果

图3-125　处理前后的对比效果

第 **4** 章

店铺首页的制作

店铺首页是店铺形象的展示页面，是引导消费者、提高转化率的重要页面，其装修的效果直接影响店铺的品牌宣传和消费者的购物体验，以及店铺的转化率。好的店铺装修更容易赢得消费者的信任，所以店铺首页的制作至关重要。店铺首页主要由店招与导航、轮播海报、商品分类、商品促销展示区和页尾等组成，每个模块起到的作用和使用方法都不同。本章将分别对各个模块的设计与制作方法进行介绍。

学习目标

- 掌握店招与导航的制作方法
- 掌握轮播海报的制作方法
- 掌握商品分类的制作方法
- 掌握页尾的制作方法

4.1 店铺首页概述

作为店铺的门面，首页需要具有视觉吸引力，使消费者产生点击的欲望，从而促进商品销售。而如何制作出让消费者产生点击欲望的首页呢？除了需要掌握设计方法外，还需要了解首页的主要功能、布局要点和设计要点。

↘ 4.1.1 店铺首页的主要功能

首页效果会直接影响店铺的流量，因此为了设计出具有吸引力的店铺首页，就需要网店美工对店铺首页的主要功能进行相应了解，这样才能有针对性地设计出满足消费者需求的店铺首页。

- 展示商品。店铺首页中展示的商品主要是根据店铺营销目标来确定的，通过店铺首页能够将这些商品更好地展现到消费者面前，从而促进商品销售。
- 树立品牌形象。店铺首页可以非常直观地表达出该店铺的风格，从而树立品牌形象，给每一位消费者留下深刻的印象。
- 展示促销信息、优惠活动。店铺首页是整个店铺的门面，有着非常好的资源位置。为了突出店铺的促销信息和优惠活动，一般会将这些信息放在首页中进行展示，以起到很好的推广与营销效果。
- 引流。店铺首页中的导航、商品搜索就是常见的引流方式。消费者通过导航中的各商品类目进入相应的商品页面，也可以通过搜索的方式快速找到自己需要的商品。

↘ 4.1.2 店铺首页的布局要点

店铺首页的布局并不是将所有的模块都堆积在一起，而是将各模块之间进行合理的组合排列，下面分别进行介绍。

- 店铺首页的风格要以店铺定位为中心，统一风格。因此，在制作店铺首页时要考虑品牌风格、商品特点、目标消费人群等因素，以保证店铺风格与商品风格的一致性。
- 在排列商品时要根据商品的实际销售情况和点击率进行布局。
- 活动海报要清晰、醒目，要让消费者一眼就能够了解活动的内容、时间等主要信息。
- 各结构板块之间的布局要详略得当、清晰明了。如活动板块需要将活动信息介绍清楚，尤其是活动亮点需要重点突出，而其他商品则可以使用列表和图文搭配的方法将其简单地展现出来。

● 在制作首页的导航栏时，各商品类目要清晰明了，方便消费者能够快速找到他们需要的商品。另外，店招中的收藏、关注和搜索板块也必不可少，这些板块可以增加消费者黏性，促进消费者的二次购买。

↘ 4.1.3　店铺首页的设计要点

店铺首页的视觉效果很大程度上决定着消费者对店铺的整体印象，一个优秀的店铺首页将更容易赢得消费者对店铺和品牌的好感。在进行店铺首页设计时，应该基于店铺自身的定位进行功能区的划分，通过整体设计与布局，达到与定位相匹配的理想视觉效果，下面分别对各个部分的设计要点进行介绍。

● Logo。Logo作为店铺最重要的标志之一，是展示、宣传店铺和增加店铺辨识度的有效途径，具有清楚、易记、一目了然的特点。可通过店铺的定位、商品的分类、消费者的喜好等进行设计。

● 店招与导航。店招不但影响着店铺给人的第一视觉印象，也兼顾着品牌宣传的作用；而导航则处于店招的下方，主要对店铺的类别进行展示，起到分类展现的作用。在进行店招设计时，不仅要突显店铺的特色，还要清晰地传达品牌的视觉定位；在进行导航设计时，则需要将店铺中商品的种类显示出来。

● 轮播海报。轮播海报一般位于首页的导航下方，或首页的第一屏。轮播海报中一般会展现出店铺当前活动的主题、主推的商品或具体优惠等。轮播海报需要调动色彩、版式、字体、形状等综合因素来营造视觉印象，它的内容不仅要有较强的视觉影响力，还要突出卖点。

● 店铺优惠活动区域。店铺优惠活动区域是首页的重要功能区之一，主要展示店铺当前的优惠活动，如优惠券、满减打折等，一般为多个活动点并列存在。

● 商品分类区。分类区一般位于优惠区的下方。在设计分类时，为了更好地发挥分类区的作用，需要从店铺的装修风格、分类图像的大小和分类方式等方面进行分类。

● 商品促销展示区。商品促销展示区是店铺首页的主要区域之一，占据了店铺首页的大部分版面。商品促销展示区各模块的分布非常讲究，如各模块的尺寸、以何种色块区分、如何保持整体风格、如何定义重点突出内容等。商品促销展示区的设计风格应该与店铺整体风格一致，在主推商品的设计上要注意如何突出店铺的风格主题和如何展示主打系列商品，增强品牌吸引力。从营销目的出发，需要提炼功能卖点，直击消费者痛点，吸引其注意力。

● **页尾**。页尾属于首页的结尾部分，在页尾中不仅需要对首页进行总结，还可以添加分类信息，使其与店招和导航栏对应，这样当消费者需要重新进行浏览时才会更加方便。

4.2 Logo的设计与制作

Logo是一种标志，是店铺视觉形象的核心，也是构成店铺形象的基本要素，能够代表店铺的形象。它不仅是调动视觉要素的主导力量，也是整合视觉要素的中心力量。下面先对Logo的分类进行介绍，在此基础上进行Logo的设计与制作，表现出店铺的品牌价值和独特个性。

↘ 4.2.1 Logo的分类

Logo是店铺的形象，漂亮的Logo可以帮助店铺进行宣传，吸引消费者进入店铺，从而提高店铺流量。Logo有文字Logo、图形Logo和图文结合型Logo，下面分别进行介绍。

● **文字Logo**。文字Logo以文字为表现主体，一般是由品牌的名称、缩写或者抽取其中个别有趣的字设计成的标志。图4-1所示为不同店铺使用文字表现Logo的效果。

图4-1 文字Logo

● **图形Logo**。图形Logo用形象表达含义，相对于文字Logo更为直观和富有感染力。图4-2所示为不同店铺使用图形表现Logo的效果。

图4-2 图形Logo

● **图文结合型Logo**。图文结合型Logo是由图形与文字结合构成的，具有文中有图、图中有文的特征。图4-3所示为不同店铺使用图文结合的方式表现Logo的效果。

图4-3　图文结合型Logo

↘ 4.2.2　制作店铺Logo

Logo作为店铺最重要的标志之一，常出现在店铺首页和主图中。本例将制作一个茶叶店铺Logo，要求制作时采用图文结合的形式，体现茶叶的形态和人们的饮茶习惯；制作时将先使用钢笔工具绘制茶杯的轮廓，并填充颜色，然后输入文本，设置文本格式，最后绘制叶子的形状，并设置发光效果，即可制作出茶叶店铺Logo，其具体操作如下。

扫一扫　实例演示

STEP 01 启动 Photoshop CC 2019，选择【文件】/【新建】菜单命令，打开"新建文档"对话框，设置"名称""宽度""高度""分辨率"分别为"茶叶店铺 Logo""150""70""72"，单击 创建 按钮，如图 4-4 所示。

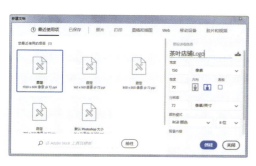

图4-4　新建文档

STEP 02 打开"图层"面板，单击"创建新图层"按钮 □ 新建图层。打开"路径"面板，单击"设置"按钮 ≡，在打开的下拉列表中选择"新建路径"选项打开"新建路径"对话框，单击 确定 按钮，如图 4-5 所示。

图4-5　新建路径

STEP 03 选择"钢笔工具" ⌀ 在图像的左侧绘制出茶叶形状的路径，如图 4-6 所示。

STEP 04 使用相同的方法继续新建路径，并分别绘制出其他叶片和茶杯的路径，如图4-7所示。

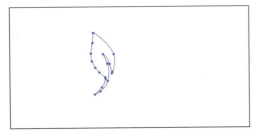

图4-6 绘制路径

图4-7 继续绘制路径

STEP 05 在"路径1"上单击鼠标右键，在弹出的快捷菜单中选择"建立选区"命令，为其建立选区；返回"图层"面板，将"前景色"设置为"#afbd4b"，按"Alt+Delete"组合键填充前景色，按"Ctrl+D"组合键取消选区，如图4-8所示。

图4-8 填充颜色

STEP 06 使用相同的方法为其他叶片和茶杯填充相应的颜色，其中叶片颜色为"#afbd4b"，茶杯颜色为"#6b844a"，效果如图4-9所示。

图4-9 填充叶片和茶杯的颜色

STEP 07 选择【滤镜】/【锐化】/【USM锐化】菜单命令，打开"USM锐化"对话框，设置"数量""半径""阈值"分别为"70""15.0""70"，单击 确定 按钮，如图4-10所示。

图4-10 设置USM锐化参数

STEP 08 选择"横排文字工具" T，在茶杯下面输入文字"THE ORIGINAL"，设置"字体""大小""文本颜色"分别为"AlgerianBasD""6点""#8c9488"，效果如图4-11所示。

STEP 09 输入文字"原味"，设置"字体""大小""文本颜色"分别为"镇海

风格简体""30 点""#2e3a1f",效果如图
4-12 所示。

图4-11　输入文字

图4-12　输入"原味"文字

STEP 10 将"原味"图层拖曳到"图层
1"下方,并单击鼠标右键,在弹出的快
捷菜单中选择"栅格化文字"命令,如
图 4-13 所示。

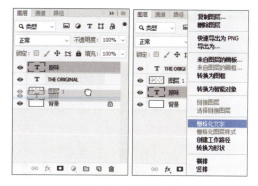

图4-13　栅格化文字

STEP 11 选择"橡皮擦工具" 将"味"
右下的笔画擦除,效果如图 4-14 所示。

图4-14　擦除"味"右下的笔画

STEP 12 在"路径"面板中新建"路径
4",选择"钢笔工具" 绘制出叶子的
一部分形状,如图 4-15 所示。

图4-15　绘制一部分叶子

STEP 13 使用相同的方法绘制出叶子的
另一半,效果如图 4-16 所示。

图4-16　绘制另一部分叶子

STEP 14 将路径转换为选区,返回"图
层"面板,新建图层,为其填充与前面
叶子和茶杯对应的颜色,完成后的 Logo
效果如图 4-17 所示(配套资源:\效果文
件\第 4 章\茶叶店铺 Logo.psd)。

图4-17　完成后的效果

4.3 店招与导航的设计与制作

店招与导航一般位于网站页面的顶部，主要用于展示店铺名称、活动内容、商品分类等需要让消费者第一眼就能够了解到的信息。而导航则主要用于对商品进行分类展现，方便消费者快速查找商品。下面先讲解店招与导航的设计原则和设计风格，再对店招与导航的设计要点进行讲解，最后讲解如何制作店招与导航。

↘ 4.3.1 店招与导航的设计原则

店招与导航除了突显最新信息、方便消费者查看外，还应注重店铺商品的推广，给消费者留下深刻印象。因此，店招与导航在设计上应具有新颖别致、易于传播的特点。这就必须遵循两个基本原则：一是植入品牌形象，二是抓住商品定位。

品牌形象可以通过店铺名称、品牌Logo进行展示，商品定位则是指展示店铺卖的是什么商品，精准的商品定位可以快速吸引目标消费群体进入店铺。图4-18中上方的店招通过突显"官方正品"文案实现了商品的定位，下方店招并未出现"电器"相关文案，而是通过放置店铺的商品来实现商品定位。这样不仅可让消费者直观地看出卖的是什么商品，还能让消费者知道商品的大致样式，从而准确判断商品是否是自己所需要的。

图4-18　店招与导航的展现效果

↘ 4.3.2 店招与导航的设计风格

店招的风格引导着整个店铺的风格，而店铺的风格大多取决于店铺中的商品。一般来说，店铺中店招、导航、商品的风格应与店铺的整体风格一致。图4-19所示为"韩萃"的店招与导航效果，韩萃是一家主打自然护肤的品牌，因此，其店招的整体色调为象征大自然的绿色，然后与白色搭配，整体效果显得非常精致。

图4-19　护肤品店招

同一类型的店铺因为面向的消费人群不同，所以其店招的风格也不同。图4-20所示的是一家主要经营男士护肤品的店铺店招，该店招主要以黑色为背景，展示了男性深沉、严肃的性格特征。

图4-20 男士护肤品店招

而图4-21所示的是一家主营女性化妆品的店铺店招，该店招的整体色调采用的是女性比较喜欢的蓝色调，也凸显出了店铺商品水润清透的特点。

图4-21 女性化妆品店招

4.3.3 店招与导航的设计要点

店招与导航的设计要点主要体现在促销商品、收藏和关注、优惠券等能够直接吸引消费者的板块上，结合这些板块信息可以直接展现店铺营销活动，从而吸引消费者、提升其购物体验，下面分别进行介绍。

● 促销商品。在店招中添加促销商品，可以让消费者在进入店铺的第一眼就能够看到该信息，从而引导消费者直接进入促销商品的页面，增加此类商品的销量。

● 收藏和关注。收藏和关注板块在店招中也非常重要，可以方便消费者快速收藏和关注店铺，进一步提高品牌知名度，树立品牌形象。

● 优惠券。在店招中添加优惠券，可以让消费者快速看到店铺的优惠信息，提高促销活动效率，营造活动氛围，促进商品销售。

4.3.4 制作店招与导航

本例将制作淘宝茶叶店铺的通栏店招，店招的尺寸为1920像素×150像素，在制作店招前，先添加两条分别距左右两边465像素的参考线，用于确定主体位置，避免因分辨率的不同而使内容不能完全显示；然后依次添加Logo、关注、热销商品、搜索等素材，将店铺中的主要信息均在店招中进行展示；在颜色的选择上，以白色为主色，用以烘托茶叶的自然。其具体操作如下。

扫一扫 实例演示

STEP 01 新建大小为"1920 像素 ×150 像素"，"分辨率"为"72 像素 / 英寸"，名为"茶叶店铺店招"的文件。

STEP 02 打开"斜纹 .psd"素材文件（配套资源:\ 素材文件 \ 第 4 章 \ 斜纹 .psd），将其拖曳到图像编辑区中，调整大小使其铺满整个区域，再在"图层"面板中设置其"不透明度"为"30%"，如图 4-22 所示。

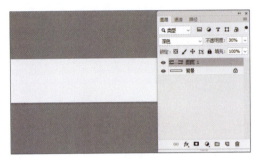

图4-22 添加斜纹

STEP 03 为了使店招内容不超出显示区域，可使用参考线来控制具体范围，在工具箱中选择"矩形选框工具" ，在工具属性栏中设置"样式""宽度"分别为"固定大小""465 像素"，单击文件灰色区域左上角创建选区，从左侧的标尺上拖曳参考线直到与选区右侧对齐，使用相同的方法在选区左侧创建参考线，效果如图 4-23 所示。

图4-23 创建参考线

STEP 04 打开"茶叶 Logo.psd"素材文件（配套资源:\ 素材文件 \ 第 4 章 \ 茶

叶 Logo.psd），将其拖曳到图像右侧，选择"直线工具" ，设置填充颜色为"#4d5e35"，在 Logo 的右侧绘制"2 像素 ×110 像素"的竖线，效果如图 4-24 所示。

图4-24 添加Logo

STEP 05 选择"横排文字工具" ，在工具属性栏中设置"字体"为"镇海风格简字体"，"字号"为"25 点"，输入图 4-25 所示的文字。

图4-25 输入文字

STEP 06 选择"圆角矩形工具" 绘制大小为"120 像素 ×30 像素"、颜色为"#f3002e"的圆角矩形，效果如图 4-26 所示。

图4-26 绘制圆角矩形

STEP 07 选择"横排文字工具" ，在"字符"面板中设置"字体""字号""文本颜色"分别为"方正韵动粗黑简体""20点""白色"，在圆角矩形上输入"关注收藏"文本，如图4-27所示。

图4-27　输入"关注收藏"文本

STEP 08 选择"圆角矩形工具" ，在工具属性栏中设置"填充""描边"分别为"#79826d""#ffffff、3点"，绘制大小为"215像素×110像素"的圆角矩形，并将描边类型设置为第二个选项，如图4-28所示。

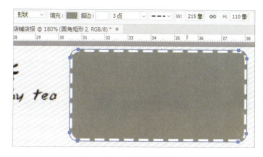

图4-28　绘制圆角矩形

STEP 09 选择圆角矩形，按住"Alt"键不放，向右拖动复制出两个相同大小的圆角矩形，并分别设置填充颜色为"#9dac89""#c7cf8b"，效果如图4-29所示。

图4-29　复制圆角矩形

STEP 10 打开"茶叶素材.psd"素材文件（配套资源:\素材文件\第4章\茶叶素材.psd），将其中的茶叶素材分别拖曳到圆角矩形中，调整各素材的位置和大小，如图4-30所示。

图4-30　添加茶叶素材

STEP 11 选择"横排文字工具" ，在工具属性栏中设置"字体"为"方正韵动粗黑简体"，"字号"为"25点"，在对应的圆角矩形中分别输入图4-31所示的文字。

图4-31　输入文字

STEP 12 新建图层，选择"矩形选框工具" ，在工具属性栏中设置"宽度"为"1920像素"，"高度"为"30像素"，在图像下面的灰色区域中单击创建选区，并将填充颜色设置为"#4d5e35"，如图4-32所示。

图4-32　创建矩形选区

STEP 13 选择"横排文字工具" T ，在工具属性栏中设置"字体"为"方正韵动粗黑简体"，"字号"为"18点"，"文本颜色"为"白色"，在矩形上依次输入导航内容"所有商品　　　首页　|　铁观音　|　小青柑　|　金骏眉　|　大红袍　|正山小种　|"，如图4-33所示。

图4-33　输入导航内容

STEP 14 在导航文本下方新建图层，选择"矩形选框工具" ▣ 在"所有商品"上绘制矩形选区，并将填充颜色设置为"#f3002e"，如图4-34所示。

图4-34　绘制红色矩形

STEP 15 选择"圆角矩形工具" ▢ ，在工具属性栏中设置填充颜色为"#ffffff"，在导航矩形右侧绘制大小为"210像素×20像素"的圆角矩形，在圆角矩形的右侧再次绘制大小为"70像素×18像素"的圆角矩形，并设置填充颜色为"#e60012"，如图4-35所示。

图4-35　绘制圆角矩形

STEP 16 选择"横排文字工具" T ，在工具属性栏中设置"字体"为"方正韵动粗黑简体"，"字号"为"18点"，在圆角矩形中输入文字"搜索"，按"Ctrl+;"组合键隐藏参考线，按"Ctrl+S"组合键保存文件，完成店招制作（配套资源:\效果文件\第4章\茶叶店铺店招.psd），如图4-36所示。

图4-36　完成后的效果

4.4 轮播海报的设计与制作

轮播海报位于店招与导航的下方，是整个首页中十分醒目的部分也是首页设计中的重点，具有增加店铺人气、促进销售的特点，一般用于展示店铺活动与促销信息。下面将先讲解轮播海报的视觉设计要点，再对制作方法进行介绍。

↘ 4.4.1 轮播海报的视觉设计要点

轮播海报是多张海报循环播放，要使轮播海报达到美观、吸引消费者注意力的效果，就要对每张海报的主题、构图和颜色等视觉设计要点进行综合考虑。

1．主题

无论是新品上市还是活动促销，海报中的主题都需要围绕一个方向，并确定对应的轮播图效果。一般情况下，海报主题通过商品和文字描述来体现，将描述提炼成简练的文字主题，并将主题放在海报的第一视觉点，让消费者直观地看到出售的商品，并根据商品和活动选择合适的背景。在编辑文案时，文案的字体不要超过3种，建议用稍大或个性化的字体突出主题和商品的特色。图4-37所示为一张主题海报，上方为不同颜色的键盘展示，下方通过文字体现海报的主题，不但视觉美观，而且主题明确。

图4-37 主题海报

2．构图

构图的好坏直接影响着海报效果的好坏，主要分为左右构图、左中右三分构图、上下构图和斜切构图4种。

● 左右构图是比较典型的构图方式，一般分为左图右文或是左文右图两种模式。图4-38所示为典型的左右构图效果。

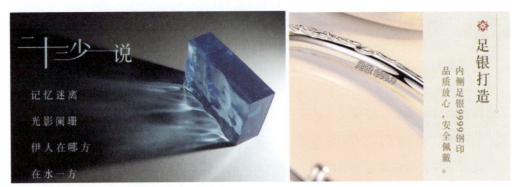

图4-38 左右构图效果

- 左中右三分构图则是海报两侧为图片，中间为文字，相对于左右构图更具有层次感。图4-39所示的左侧为休闲鞋的实物展示，中间为文字，右侧为穿戴效果。

图4-39 左中右三分构图

- 上下构图为上图下文或上文下图。图4-40所示采用了上文下图的构图方式，上方为文字介绍，下面为商品展示效果。

图4-40 上下构图效果

- 斜切构图主要指通过将文字或图片倾斜，使画面产生时尚、动感、活跃效果的构图方式，但是画面平衡感不好控制，需重点关注。图4-41所示采用了斜切的构图方式，斜切的文字和商品展现键盘的时尚感。

图4-41　斜切构图效果

3. 配色

海报不但需要选择主题和构图方式，还需要统一色调。在配色时，对重要的文字信息要用突出醒目的颜色进行强调，通过明暗对比以及不同颜色的搭配来确定对应的风格，且背景颜色应该统一，不要使用太多的颜色，以免页面杂乱。图4-42所示为比较漂亮的配色效果。

图4-42　配色效果

↘ 4.4.2　制作第一张轮播海报

轮播海报一般需要几张海报轮播进行展示，在制作海报时需注意结合店铺的整体风格进行制作。本例将制作以茶叶为主题的轮播海报，要求在其中体现出茶叶的种植环境，并将自然、健康等理念体现在海报中，其具体操作如下。

扫一扫　实例演示

STEP 01　启动 Photoshop CC 2019，选择【文件】/【新建】菜单命令，打开"新建文档"对话框，设置"名称""宽度""高度""分辨率"分别为"茶叶第一张轮播海报""1920""540""72"，单击 创建 按钮，如图 4-43 所示。

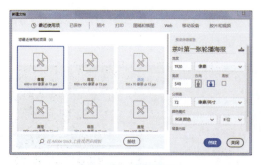

图4-43 新建文档

STEP 02 新建图层，选择"渐变工具" ，在工具属性栏中单击"点按可编辑渐变"按钮 打开"渐变编辑器"对话框，在"预设"栏中选择"黑，白渐变"选项，选择左下角色块，单击"颜色"中的色块，在"拾色器（色标颜色）"对话框中设置颜色为"#57a791"，单击 确定 按钮，如图 4-44 所示。

图4-44 设置渐变编辑器参数

STEP 03 在工具属性栏中，单击"线性渐变"按钮 ，在图像编辑区中自下而上拖曳鼠标指针创建渐变，效果如图 4-45 所示。

图4-45 创建渐变效果

STEP 04 打开"白云.psd""山坡.psd"素材文件（配套资源:\ 素材文件 \ 第 4 章 \ 白云.psd、山坡.psd），将它们拖曳到图像中并调整大小和位置，如图 4-46 所示。

图4-46 添加白云、山坡素材

STEP 05 选择山坡所在图层，单击"添加图层蒙版"按钮 为图层添加蒙版，设置前景色为"#000000"，选择"画笔工具" 在山坡的右上角和左下角进行涂抹，隐藏该区域效果，如图 4-47 所示。

图4-47 为山坡添加图层蒙版

STEP 06 打开"灌木.psd"素材文件（配套资源:\ 素材文件 \ 第 4 章 \ 灌木.psd），将其拖曳到图像中并调整大小和位置，如图 4-48 所示。

图4-48　添加灌木素材

STEP 07　选择云朵所在图层，按"Ctrl+J"组合键复制图层，单击"添加图层蒙版"按钮🔲为图层添加蒙版，设置前景色为"#000000"，选择"画笔工具"🖌在云朵的四周进行涂抹，使其展现的效果更加美观，如图4-49所示。

图4-49　为云朵添加图层蒙版

STEP 08　打开"云海.psd"素材文件（配套资源:\素材文件\第4章\云海.psd），将其拖曳到图像中，单击"添加图层蒙版"按钮🔲为图层添加蒙版，选择"画笔工具"🖌在云海的四周进行涂抹，为其添加雾气效果，如图4-50所示。

图4-50　为云海添加图层蒙版

STEP 09　打开"光晕.psd"素材文件（配套资源:\素材文件\第4章\光晕.psd），将其拖曳到图像中，并设置图层混合模式为"滤色"，单击"添加图层蒙版"按钮🔲为图层添加蒙版，选择"画笔工具"🖌在光晕的四周进

行涂抹，使其过渡自然，如图4-51所示。

图4-51　添加光晕素材

STEP 10　打开"海报茶叶.psd"素材文件（配套资源:\素材文件\第4章\海报茶叶.psd），将茶叶和印章拖曳到图像右侧并调整大小和位置，效果如图4-52所示。

图4-52　添加茶叶和印章素材

STEP 11　选择"直排文字工具"🅸🆃在图像的左侧输入图4-53所示的文字，并设置"字体""颜色"分别为"禹卫书法行书简体""#47301a"，完成后调整文字大小和位置，效果如图4-53所示。

图4-53　输入文字

STEP 12 双击"春"图层打开"图层样式"对话框，单击选中"渐变叠加"复选框，设置渐变参数为"#90c048~476d1e"，单击 确定 按钮，如图 4-54 所示。

图4-54　设置渐变参数

STEP 13 选择"直线工具" ，在左下角的文字处绘制 3 条竖线，其长短与文字对齐，效果如图 4-55 所示。

图4-55　绘制直线

STEP 14 按"Ctrl+S"组合键保存文件，查看完成后的效果（配套资源 :\ 效果文件 \ 第 4 章 \ 茶叶店铺茶叶第一张轮播海报 .psd），如图 4-56 所示。

图4-56　完成后的效果

↘ 4.4.3　制作第二张轮播海报

本例将制作第二张轮播海报来展现茶叶的韵味，在制作时主要通过茶叶和文字的展示来体现茶叶的韵味，其具体操作如下。

STEP 01 新建"名称""宽度""高度""分辨率"分别为"茶叶第二张轮播海报""1920""540""72"的图像文件。

STEP 02 新建图层，设置前景色为"#1b1915"，按"Alt+Delete"组合键填充前景色，如图 4-57 所示。

扫一扫　实例演示

图4-57　填充前景色

STEP 03 打开"木纹 .psd"素材文件（配套资源:\ 素材文件 \ 第 4 章 \ 木纹 .psd），将其拖曳到图像中并调整大小和位置，并设置图层混合模式为"叠加"，如图 4-58 所示。

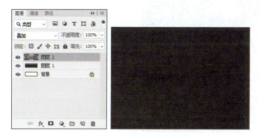

图4-58　添加木纹素材

STEP 04 打开"茶叶实物素材 .psd"素材文件（配套资源:\素材文件\第4章\茶叶实物素材 .psd），将其拖曳到图像中并调整大小和位置，效果如图 4-59 所示。

图4-59　添加茶叶实物素材

STEP 05 选择"横排文字工具" T，在图像的左侧输入文字"茶""禅"，设置"字体""字号""颜色"分别为"李旭科毛笔行书""200 点""#ffffff"，完成后调整文字大小和位置，效果如图 4-60 所示。

STEP 06 打开"祥云 .psd"素材文件（配套资源:\ 素材文件 \ 第 4 章 \ 祥云 .psd），将其中的祥云拖曳到图像中并调整大小和位置，效果如图 4-61 所示。

图4-60　输入文字"茶""禅"

图4-61　添加祥云素材

STEP 07 选择"直排文字工具" IT，在图像的左侧输入图 4-62 所示的文字，并设置"字体""颜色"分别为"思源宋体""#ffffff"，完成后调整文字大小和位置。

图4-62　输入其他文字

STEP 08 选择"椭圆工具" ⬭，在"品茶谈道"文字上绘制 4 个 34.5 像素 ×34.5 像素的正圆，并设置"描边"为"#ffffff、2.4 点"，效果如图 4-63 所示。

图4-63　绘制正圆

STEP 09 按"Ctrl+S"组合键保存文件并查看完成后的效果（配套资源 :\ 效果文件 \ 第 4 章 \ 茶叶店铺茶叶第二张轮播海报 .psd ），如图 4-64 所示。

图4-64　完成后的效果

4.5　商品分类的设计与制作

　　商品分类是引导消费者完成购买的重要模块之一，常位于导航条的下方或轮播海报的下方，多与优惠券信息共同显示。本节先对优惠券的设计要点和商品分类的设计要点进行讲解，再对商品分类的制作方法进行讲解。

4.5.1　优惠券的设计要点

　　优惠券一般位于首页，且其展示的信息有限。一般来说，一张优惠券上最醒目的信息通常是优惠面额。但除此之外，设计优惠券时还需要对其他的必要信息进行完善，下面将分别进行介绍。

● **优惠券的使用范围**。明确优惠券的使用店铺，以及使用方式是全场通用还是限定使用。全场通用是指可以用于购买该店铺内的所有商品，限定使用是指只允许用于购买指定的商品。

● **优惠券的使用条件**。如"消费满200元即可使用20元优惠券"就是优惠券的使用条件。限制优惠券的使用条件，可以在刺激消费者消费的同时最大限度地保证商家的利润空间。

● **优惠券的使用周期限制**。一般情况下，如果店铺是短期推广，那么优惠券的使用周期应接近推广周期；若是做促销活动，那么优惠券的使用周期应是对应的促销天数。限制使用时间可以让消费者产生过期浪费的心理，从而提高消费者的购买率。

● **优惠券的使用张数限制**。如"每笔订单限用一张优惠券"可以防止折上折的情况出现。

● **优惠券的最终解释权**。如"优惠券的最终解释权归本店所有"在一定程度上保留了店铺的法律权利，以避免后期活动执行中出现不必要的纠纷。

4.5.2 商品分类的设计要点

在制作分类模块时，为了将分类的作用发挥到极致，需要从店铺的装修风格、分类名称和分类方式等方面入手。下面将对其分别进行介绍。

● 若店铺已经有装修风格，则在进行商品分类设计时必须从该店铺的风格出发。

● 商品分类中，分类名称必不可少，可以是中文，也可以是英文。还可以根据需要添加多个分类图标，更便于消费者查看。

● 商品分类不宜太复杂，可根据商品分类再添加子分类，以便消费者浏览。

4.5.3 制作商品分类

本小节所制作的商品分类主要包括优惠券和具体分类两部分内容。由于要同茶叶店铺的主体风格保持一致，所以在颜色的选择上以白色和绿色为主。在画面上方叠加山峦使整个画面更加美观，再在其中输入优惠券和商品促销分类信息，为首页效果增强视觉亮点，其具体操作如下。

扫一扫 实例演示

STEP 01 新建"名称""宽度""高度""分辨率"分别为"茶叶店铺商品分类""1920""900""72"的图像文件。

STEP 02 在工具箱中选择"矩形选框工具"，在工具属性栏中设置"样式""宽度"分别为"固定大小""465像素"，单击文件灰色区域的左上角创建选区，从图像编辑区左侧的标尺上拖曳两条参考线与选区左右侧对齐，效果如图 4-65 所示。

STEP 03 打开"背景素材 .psd"素材文件（配套资源:\素材文件\第 4 章\背景素材 .psd），将其拖曳到图像中并调整大小和位置，再单击"锁定全部"按钮🔒锁定图层，效果如图 4-66 所示。

图4-65 绘制参考线

图4-66 添加背景素材

STEP 04 打开"匾 .psd"素材文件（配套资源:\素材文件\第 4 章\匾 .psd），将其拖曳到图像中并调整大小和位置，再单击"锁定全部"按钮🔒锁定图层，效果如图 4-67 所示。

图4-67 添加匾素材

STEP 05 选择"横排文字工具" T.在图像的左侧输入文字"优惠券"，设置"字体""字号""颜色"分别为"汉仪尚巍手书 W""60 点""#010000"，选择"直线工具" ╱.在文字右侧绘制直线，效果如图 4-68 所示。

图4-68 输入文字"优惠券"

STEP 06 选择"圆角矩形工具" ◻.，在工具属性栏中设置"填充""描边"分别为"#f4f4f4""#9eb868、5 点"，绘制一个大小为"275 像素 ×126 像素"的圆角矩形，效果如图 4-69 所示。

图4-69 绘制圆角矩形

STEP 07 选择绘制的圆角矩形，按住"Alt"键不放，将其向右进行拖曳以复制圆角矩形，完成后的效果如图 4-70 所示。

STEP 08 选择"横排文字工具" T.在图像的左侧输入图 4-71 所示的文字，设置"字体""颜色"分别为"汉仪尚巍手书 W""#212121"，完成后调整文字大小和位置。

图4-70　复制圆角矩形

图4-71　输入其他文字

STEP 09　选择"圆角矩形工具"　，在工具属性栏中设置"填充""描边"分别为"#eeeeee""#638c0b、5 点",绘制一个大小为"480 像素 ×200 像素"的圆角矩形,并将描边样式设置为第二个选项,效果如图 4-72 所示。

图4-72　绘制圆角矩形

STEP 10　选择绘制的圆角矩形,按住"Alt"键不放,将其向右进行拖曳以复制圆角矩形,并更改描边颜色分别为"#666665""#3d5607""#a1e40f",完成后的效果如图 4-73 所示。

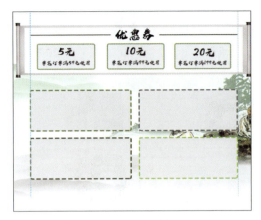

图4-73　复制圆角矩形

STEP 11　选择"圆角矩形工具"　绘制4 个大小为"230 像素 ×150 像素"的圆角矩形,并设置填充颜色分别为"#acd598""#b3d465""#84ccc9""#bfbfbf",效果如图 4-74 所示。

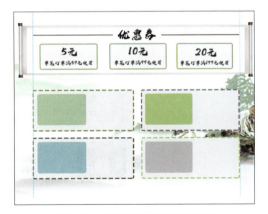

图4-74　绘制不同颜色的圆角矩形

STEP 12　打开"茶叶商品分类素材 .psd"素材文件(配套资源:\ 素材文件 \ 第 4 章 \ 茶叶商品分类素材 .psd),将其拖曳到图像中并调整大小和位置,效果如图 4-75 所示。

图4-75　添加茶叶商品分类素材

图4-76　输入不同颜色的文字

STEP 13 选择"横排文字工具" T 输入图4-76所示的文字，设置"字体""字号"分别为"汉仪尚巍手书W""35"，调整文字的位置，然后更改文字颜色分别为"#638c0b""#666665""#3d5607""#a1e40f"。

STEP 14 按"Ctrl+;"组合键隐藏参考线，按"Ctrl+S"组合键保存文件并查看完成后的效果（配套资源：\效果文件\第4章\茶叶店铺商品分类.psd），如图4-77所示。

图4-77　完成后的效果

4.6　商品促销展示区的设计与制作

商品促销展示区常在商品分类的下方，主要用于展示不同类型的商品。该区域是首页中商品数量最多的区域，也是商家向消费者直接推广店铺其他商品的区域，能引导消费者进行消费。下面将对商品促销展示区的设计要点和制作方法分别进行介绍。

↘ 4.6.1　商品促销展示区的设计要点

在制作商品促销展示区时，为了吸引消费者的眼球，通常需要制作相应的海报图，再配合商品图片、名称、价格等信息对推荐商品进行展示。制作商品促销展示区时，为了发挥其最大的效用，需要注意以下3个方面。

- 商品促销展示区中每一个商品的名称要全面、准确，不能过于复杂或是过于简单，以能体现商品名字和特点的名称为最佳；可以在搜索栏中检索搜索的难易程度，然后及时修正。
- 商品促销展示区中的每一个商品都是吸引消费者点击的重要商品，除了选择店铺中最优质的商品外，还可选择临近下架时间的商品，因为紧临下架时间的商品会获得优先展示机会，有一定的概率让消费者优先查看。但要注意，当商品下架后应及时进行调整，避免出现空位。
- 在设计过程中要保证商品图片的真实性，并且商品种类要多，因为需要足够多的商品来支持上架和推荐，并且在进行设计时丰富的商品会更容易吸引消费者。

↘ 4.6.2　制作商品促销展示区

作为用于展示商品的区域，应根据商品类型的不同来分布不同类型的促销商品。本小节将先制作促销海报，通过促销海报表现促销主题、活动主题和热卖商品，再在海报下方展现促销茶叶商品，使整体效果既美观又具有吸引力，其具体操作如下。

扫一扫　实例演示

STEP 01 新建"名称""宽度""高度""分辨率"分别为"茶叶店铺商品促销区""1920""3000""72"的图像文件。

STEP 02 打开"商品促销区背景素材.psd"素材文件（配套资源:\素材文件\第4章\商品促销区背景素材.psd），将其中的素材依次拖曳到图像中并调整大小和位置，效果如图4-78所示。

图4-78　添加背景素材

STEP 03 选择水墨船所在图层，单击"添加图层蒙版"按钮 ▣ 为图层添加蒙版，设置前景色为"#000000"，选择"画笔工具" ✎ 在山坡的右上角和左下角进行涂抹，使水墨船与背景更加融合，效果如图 4-79 所示。

图4-79 添加图层蒙版

STEP 04 打开"商品促销区第一张海报商品素材 .psd"素材文件（配套资源:\素材文件\第 4 章\商品促销区第一张海报商品素材 .psd），将其中的素材依次拖曳到图像中并调整大小和位置，效果如图 4-80 所示。

STEP 05 打开"图层"面板，选择"毛笔刷"图层，设置图层混合模式为"深色"，如图 4-81 所示。

图4-80 添加商品素材

图4-81 设置图层混合模式

STEP 06 选择"矩形工具" 🔲 在图像的右侧绘制两个颜色为"#2c1204"，大小分

别为"570 像素 ×50 像素""200 像素 ×60 像素"的矩形，效果如图 4-82 所示。

图4-82 绘制矩形

STEP 07 选择"横排文字工具" Ｔ 输入图 4-83 所示的文字，设置"字体"为"华康宋体 W12(P)"，调整文字的位置，然后更改其颜色分别为"#2c1204""#ffffff"。

图4-83 输入文字

STEP 08 选择"横排文字工具" Ｔ 输入文字"土罐铁观音茶"，设置"字体""大小""颜色"分别为"华康海报体 W12""100 点""#2c1204"，调整文字的位置即可完成第一张海报的制作，效果如图 4-84 所示。

图4-84 输入其他文字

STEP 09 打开"水墨背景 .psd"素材文

件（配套资源:\素材文件\第4章\水墨背景.psd），将其中的背景拖曳到图像中并调整大小和位置。

STEP 10 打开"红茶素材.psd"素材文件（配套资源:\素材文件\第4章\红茶素材.psd），将其中的背景拖曳到图像中并调整大小和位置，效果如图4-85所示。

图4-85　添加红茶素材

STEP 11 选择"横排文字工具" T,输入图4-86所示的文字，设置"字体""颜色"分别为"方正黄草简体""#442b25"，调整文字的大小、位置，效果如图4-86所示。

图4-86　输入文字

STEP 12 选择"椭圆工具" O,在文字的下方绘制一个颜色为"#442b25"的正圆，然后在圆上输入文字"热销价:""¥159"，调整字体大小、位置和颜色，效果如图4-87所示。

STEP 13 打开"底纹素材.psd"素材文件（配套资源:\素材文件\第4章\底纹素材.psd），将其中的背景拖曳到图像中并调整大小和位置，并设置图层混合

模式为"明度"，效果如图4-88所示。

图4-87　绘制正圆并输入文字

图4-88　添加底纹素材

STEP 14 选择"横排文字工具" T,在海报的下方输入图4-89所示的文字，设置"字体""颜色"分别为"华康海报体W12""#2c1204"，调整文字的大小和位置，效果如图4-89所示。

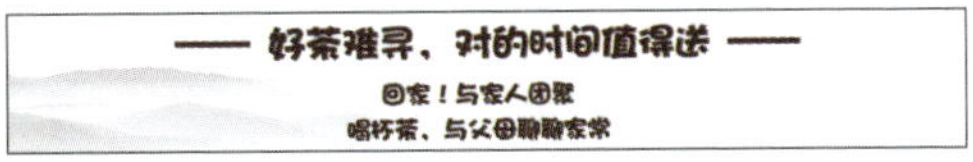

图4-89　输入文字

STEP 15 选择"矩形工具" ▢，在工具属性栏中设置"填充""描边"分别为"#ffffff""#b9b9b9、3点"，在海报中绘制一个大小为"1100像素×200像素"的矩形，效果如图4-90所示。

STEP 16 打开"商品素材.psd"素材文件（配套资源:\素材文件\第4章\商品素材.psd），将其中的商品拖曳到矩形中并调整大小和位置，选择"直线工具" ✐,在商品的下方绘制两条直线，效

果如图 4-91 所示。

图4-90 绘制矩形

图4-93 输入其他文字

STEP 19 选择"矩形工具" ▢，在工具属性栏中设置填充颜色为"#810102"，在文字的右侧绘制大小为"145 像素 ×35 像素"的 3 个矩形，然后选择"横排文字工具" T 输入文字"点击购买"，设置"字体"为"迷你简粗圆"，调整文字的大小、位置，效果如图 4-94 所示。

图4-91 添加商品素材并绘制直线

STEP 17 选择"横排文字工具" T 输入图 4-92 所示的文字，设置"字体"为"迷你简粗圆"，调整文字的位置，然后更改文字颜色分别为"#442c25""#c82f02"。

图4-92 输入文字

STEP 18 使用相同的方法，在下方继续输入图 4-93 所示的文字，选择"直线工具" ╱ 在文字的下方绘制直线，完成后的效果如图 4-93 所示。

图4-94 绘制矩形并输入文字

STEP 20 选择"椭圆工具" ◯ 在商品的右侧绘制 3 个填充颜色为"#810102"的正圆，然后在其中输入"买一送一"文字，并调整字体大小、位置和颜色。完成后按"Ctrl+S"组合键保存文件并查看完成后的效果（配套资源 :\ 效果文件 \ 第 4 章 \ 茶叶店铺商品促销区 .psd），如图 4–95 所示。

图4-95　完成后的效果

4.7　页尾的设计与制作

页尾位于首页的末尾，一般用于放置店铺的收藏区、二维码、礼品或一些抽奖活动、购物须知和店铺公告等内容，其目的在于加强消费者的品牌记忆和购物安全感，引导消费者再次光临。下面将分别对页尾的设计要点和制作页尾的方法进行介绍。

↘ 4.7.1　页尾的设计要点

页尾的主要功能是在为消费者提供方便的同时体现店铺的服务。店铺的页尾设计多使用简短的文字和具有代表性的图标来传递相关的信息。图4-96所示为常见的页尾设计。

图4-96　页尾设计

页尾内容应根据店铺需要进行添加，通常包括以下5个部分。

- **店铺底部导航**。该导航主要是便于消费者对商品进行选择。
- **返回顶部链接**。该链接主要用于页面过长的情况，单击该链接即可返回页面顶部。
- **收藏和分享店铺链接**。在页尾中添加收藏和分享店铺的链接可以方便消费者收藏店铺，从而留住消费者。
- **旺旺客服链接**。该链接主要是便于消费者联系商家，从而解决购买中的问题。
- **温馨提示**。如发货须知、消费者必读等信息，可以帮助消费者快速解决购买过程中的问题，减少消费者对常见问题的询问。

↘ 4.7.2　制作页尾

页尾是首页不可缺少的部分。本小节将继续制作茶叶店铺的页尾，在其中主要对茶园的真实场景和售后信息进行显示，以加深消费者的印象，其具体操作如下。

扫一扫　实例演示

STEP 01 新建"名称""宽度""高度""分辨率"分别为"茶叶店铺尾页""1920""600""72"的图像文件。

STEP 02 打开"页尾背景素材.jpg"素材文件(配套资源:\素材文件\第4章\页尾背景素材.jpg),将其中的素材依次拖曳到图像中并调整大小和位置,效果如图4-97所示。

图4-97 添加背景素材

STEP 03 选择"矩形工具"，在工具属性栏中设置"填充""描边"分别为"#4b7b0e""#ffffff、3点"，在背景的上方绘制两个大小分别为"1920像素×320像素""150像素×280像素"的矩形,并设置大矩形的不透明度为"60%",效果如图4-98所示。

图4-98 绘制矩形

STEP 04 选择"直排文字工具"，输入

文字"返回顶部",设置"字体"为"迷你简粗圆",调整文字的大小和位置,效果如图4-99所示。

图4-99 输入文字"返回顶部"

STEP 05 打开"页尾素材.psd"素材文件(配套资源:\素材文件\第4章\页尾素材.psd),将其中的素材依次拖曳到图像中并调整大小和位置,效果如图4-100所示。

图4-100 添加页尾素材

STEP 06 选择"横排文字工具"，输入图4-101所示的文字,设置"字体"为"禹卫书法行书简体",调整文字的位置和大小。

STEP 07 按"Ctrl+S"组合键保存文件并查看完成后的效果(配套资源:\效果文件\第4章\茶叶店铺尾页.psd),如图4-101所示。

图4-101 完成后的效果

4.8 综合实训——制作淑女装店招

本实训中的店铺主要出售淑女型的女装，为了体现本店铺的"淑女气质"，不但需要从服装上进行体现，还要从装修风格上进行体现。店招作为店铺的门面，要想从店招中体现店铺的风格，则需从颜色、主体和设计感中进行体现。本店招中主要采用淡淡的粉绿色、个性的图块、代表性的文字再加上具有淑女气质的铁艺样式来体现女性的柔美，让店招风格与商品风格相符，从而对店铺的特色进行体现，完成后的效果如图4-102所示。

图4-102 淑女风格店招效果

1. 设计思路

根据淑女风格的店铺要求，对店铺的店招进行美化设计。

（1）为了体现店铺"淑女"的特点，背景主要采用浅绿色，搭配深绿色、白色的色块让画面整洁而又不失柔和，既体现了店铺的风格，又表现了女性的柔美。

（2）使用圆润的铁艺样式线条，体现了女性的柔美；又由于铁艺常用于田园系装修，所以此处恰好体现了店铺女装的田园风格。

（3）采用圆形等柔美的图形，对店名等文字进行编辑，进一步对目标消费者的性别和风格进行体现。

2. 知识要点

完成本例的店招制作，需要掌握以下知识。

（1）使用"矩形选框工具"和"油漆桶工具"绘制并填充导航条；这是制作店招的第一步，不但规划了店招的大小，还对主体色调进行了统一。

（2）使用"椭圆工具"和"横排文字工具"对收藏版块进行制作；该版块中主要使用两个圆的重叠和圆润的文字来体现女装的柔美。

（3）使用"椭圆工具"和"横排文字工具"对店铺的店名进行美化；这里的店名主要采用较可爱的空心字体，通过下面底纹的起伏，在文字中显示出不同的效果。

（4）使用"画笔工具"和素材文件对导航条进行绘制；这里的导航条是使用"画笔工具" ✍ 直接绘制的，因此中间会存在起伏，但这样的导航条更加柔美，再在其上添加铁艺素材来体现田园风格，最后在其上输入导航内容。

3.　操作步骤

下面将进行店招的制作，其具体操作如下。

扫一扫　实例演示

STEP 01　新建大小为"1920 像素 ×150 像素"、"分辨率"为"72 像素 / 英寸"、名称为"淑女装店招"的文件，并将其填充颜色设置为"#dcede5"，选择"矩形选框工具" ▦ 绘制一个大小为"485 像素 ×150 像素"的矩形，并沿着矩形左侧添加参考线；使用相同的方法，在矩形右侧添加对应的参考线，效果如图 4-103 所示。

图4-103　填充颜色并添加参考线

STEP 02　选择"椭圆工具" ◯，在参考线中间绘制一个直径为"120 像素"的圆，将其填充为白色并向上移动；使用相同的方法，继续绘制一个直径为"50 像素"的圆，将填充颜色设置为"#497961"，效果如图 4-104 所示。

图4-104　添加并填充圆

STEP 03　选择"横排文字工具" T 输入文字"藏"，设置"字体"为"迷你简少儿"，"字号"为"60 点"，再加粗显示文本。打开"图层样式"对话框，单击选中"渐变叠加"复选框，设置渐变为"#497961"到"白色"的渐变，效果如图 4-105 所示。

STEP 04　选择"横排文字工具"输入文字"收"，设置"字体"为"方正兰亭超"，"字号"为"25 点"并加粗显示。选

择"椭圆工具" ◯ 在右侧绘制一个直径为"80 像素"的正圆，完成后将填充颜色设置为"#497961"；使用相同的方法继续绘制圆并将其填充为白色，效果如图 4-106 所示。

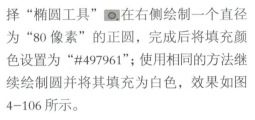

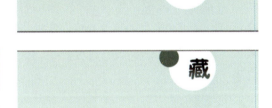

图4-105　添加文字与图层样式

图4-106　输入文字并绘制圆

STEP 05　选择"矩形工具" ▭ 绘制一个"350 像素 ×40 像素"的矩形，选择矩形所在图层，将其栅格化，再选择【滤镜】/【液化】菜单命令，打开"液化"对话框，

使用鼠标指针在矩形的上方进行涂抹，对矩形进行变形，完成后单击 确定 按钮，效果如图4-107所示。

图4-107　将矩形液化

STEP 06 选择"横排文字工具" T，输入文字"BLUE SAILING"，设置"字体"为"Action Jackson"，"字号"为"48点"并加粗显示。使用相同的方法输入文字"时尚女装 我的时尚向导"，设置"字号"为"18点"，并在其左侧绘制线条，如图4-108所示。

图4-108　输入文字并绘制线条

STEP 07 选择"画笔工具" ，在工具属性栏中设置"画笔样式"为"25号"，并设置"大小"为"25像素"，在图像中绘制一条直线，如图4-109所示。

STEP 08 打开"铁艺线条.psd"（配套资源:\ 素材文件 \ 第4章 \ 铁艺线条.psd），将其拖曳到画笔绘制的线条左侧，调整其位置。复制铁艺线条，并按"Ctrl+T"组合键调整铁艺位置，再单击鼠标右键，在弹出的快捷菜单中选择"水平翻转"命令，将其移动到适当位置，效果如图4-110所示。

图4-109　绘制直线

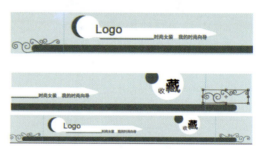

图4-110　添加并复制铁艺线条

STEP 09 使用"横排文字工具" T在绘制的线条上输入不同的文字，并设置"字体颜色"为"白色"、"字体"为"黑体"、"字号"为"14点"，如图4-111所示。

图4-111　输入导航文字

STEP 10 新建图层，使用相同的方法绘制一个红色矩形，并在其上输入白色文字"NEW"，最后隐藏参考线，效果如图4-112所示（配套资源:\ 效果文件 \ 第4章 \ 淑女装店招.psd）。

图4-112 淑女风格店招效果

4.9 疑难解答

新手在处理商品图片的过程中，经常会遇到各种各样的问题和误区，下面笔者将根据自己的经验和大部分新手遇到的一些共性问题提出解决的办法。

1. 怎么选择Logo素材

在选择Logo素材时可先对店铺进行定位，确定店铺的类型和名称。确定店铺的基本信息后，可根据这些信息进行Logo素材的搜集。在搜集一定量的素材后，可对商品的优点进行罗列，再根据需要进行Logo的设计与制作。

2. 店铺首页的设计技巧

在设计首页时，应转换角度，将自己当作消费者设身处地地进行思考。在浏览一个店铺时，精致的页面更容易引起消费者的注意，从而对商品产生购买欲望。此外，页面中的新品推荐、店铺热销和左侧分类等栏目都要充分利用起来，从每一个细节出发，创造最大的展示价值。

4.10 课后习题

本练习将打开旅行包素材（配套资料:\素材文件\第4章\旅行包素材），对旅行包的首页进行制作，完成后的效果图如图4-113所示（配套资料:\效果文件\第4章\旅行包首页.psd）。

图4-113　完成后的效果图

第 **5** 章

商品详情页的制作

　　商品详情页对商品的销量发挥着重要的作用，每个网店美工都有必要掌握制作商品详情页的知识，以提升商品详情页的视觉效果，吸引更多的消费者购买商品，从而增加商品的销量。本章将对商品详情页的基础知识进行介绍，然后分板块介绍商品详情页的制作方法，以帮助网店美工更好地掌握相关知识。

学习目标

- 掌握商品详情页的基础知识
- 掌握商品详情页的制作方法

5.1 商品详情页概述

商品详情页是指通过图文的方式对商品的详细信息，如商品的外观、尺寸、材质、颜色、功能、使用方法等进行介绍的页面。在网络购物中，消费者不能实际接触商品，只能通过详情页来了解商品，所以商品详情页的质量在很大程度上能影响商品的销售量。下面将对商品详情页的设计要点、商品详情页的设计思路与前期准备、商品详情页的主要内容进行具体介绍。

↘ 5.1.1 商品详情页的设计要点

商品详情页除了可以对商品进行介绍，也是商家向消费者推销商品的途径之一。要想提高商品详情页的吸引力，取得更好的销售成果，就需要网店美工对其进行精心设计，下面将对商品详情页的设计要点进行介绍。

1. 引发消费者兴趣

制作商品详情页的目的是为了推销商品，而推销商品的第一步就是引起消费者的兴趣。只有当消费者对商品详情页感兴趣时，他才会继续浏览并主动接收商品详情页中的信息，在此基础上，消费者才会产生购物行为。要想引起消费者的兴趣，一般可以通过焦点图的设计和使用场景介绍来达成，下面将分别进行介绍。

- 焦点图的设计。焦点图作为吸引消费者的第一步，一般放置于商品详情页的最前端。焦点图需要传达的信息是该商品最能打动消费者的特点，可以是商品的热销状况，如本月销售3000件等；也可以是媒体推介，如某明星佩戴款等；还可以是商品上新或促销信息等，图5-1所示为焦点图的设计。
- 使用场景介绍。将商品放在具体的使用场景中能带给消费者仿若身临其境的感受，能够拉近商品和消费者间的距离，也能很轻松地解答消费者对商品用途的疑惑。图5-2所示为详情页中对商品使用场景的介绍。

图5-1 焦点图的设计　　　　　　　　图5-2 使用场景介绍

2. 激发潜在需求

消费者在浏览商品的时候往往会带着某种需求，但是这种需求在很多时候都并不迫切或强烈，而体现为"随便看看"的形式。激发消费者的潜在需求、提高其购物欲望就能有效提高商品的成交率。激发消费者的潜在需求，可以通过商品的功能，如美白补水30天等；也可以通过打感情牌，如用简单的小故事引起消费者的回忆，促进商品销售，如图5-3所示。

图5-3　激发消费者潜在需求

3. 从犹豫到信赖

消费者对商品"感兴趣—购买"的过程，是一个从犹豫到信赖的过程。要想获取消费者的信赖，可以通过全面展示商品细节，并在细节中挖掘消费者痛点和商品卖点；也可以通过与同类商品进行对比，突出商品优势；还可以通过第三方的评价来获取信赖，最终促进商品销售；还可通过文字给出下单的理由，如送家人、送朋友等。图5-4所示为商品的细节。

4. 替消费者做出决定

要想使那些犹豫不决的消费者最终下单，就需要替消费者做决定。如可以通过品牌的实力展示来打消消费者的顾虑，如全网销量第×、月销××件、假一赔十等；也可通过文字营造急迫感，如数量有限、今日库存紧张、优惠时间还剩×天等；还可以通过赠送运费险、7天无理由退换货等来打消消费者的后顾之忧，如图5-5所示。

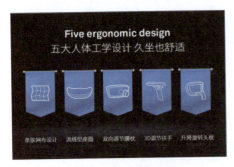

| 图5-4　商品细节展示 | 图5-5　写明退换货的保障来打消消费者的顾虑 |

5.1.2　商品详情页的设计思路与前期准备

商品详情页的制作是一项系统而完整的工作，在确定了设计要点之后，美工人员还需要对商品详情页的制作有一个整体的设计思路，并根据这个思路进行必要的前期准备。只有在合理的设计思路和充分的前期准备的基础上，美工人员才能够制作出能激发消费者的消费欲望、赢得消费者对店铺的信任、打消消费者的顾虑、促使消费者下单的优质商品详情页。下面将通过6个步骤帮助读者更好地理解商品详情页的设计思路与前期准备。

- **设计商品详情页应遵循的前提**。商品详情页主要用于进行商品细节和显示效果的展示，需要与商品标题和主图契合，从中体现真实的商品信息。由于在其中起决定性作用的多为商品本身，所以在设计时不能只在乎图片效果而忽略商品本身的价值。

- **设计前的市场调查**。市场调查是掌握商品行情的基础。设计前需分别进行市场调查、同行业调查、规避同款调查和消费者调查等，从调查的结果中分析消费者人群的消费能力、喜好，以及消费者购买商品所在意的问题等。

- **调查结果及商品分析**。当完成市场调查后，可根据商品市场调查结果对商品特点进行系统总结，并记录消费者所在意的问题、同行的优缺点以及自身商品的定位，从中挖掘自身的独特卖点。

- **关于商品定位**。不同商品有不同的定位，可以根据商品定位来设计需要表现的内容。如卖皮草的店铺，需将皮草的质感和大气、优雅的气质表现出来，而不能只是对商品进行简单拍摄。

- **商品卖点的挖掘**。所谓商品亮点是指商品的主要卖点，每一个商品因为其功能的不同，需要展现的卖点也有所不同。详情页中展现的商品卖点越清晰诱人，越能够提高成交率，如某个卖键盘膜的商家，针对键盘膜"薄"

的特点，挖掘其为商品的最大卖点，并通过"超薄的键盘膜"文案，让该商品从许多同类型商品中脱颖而出，提高了商品销量和店铺评分。

● 开始准备设计元素。根据调查结果分析以及商品卖点的提炼和商品风格的定位，开始准备所需要的设计素材，以及确定商品详情页所用的文案和商品详情页的用色、字体、排版等。最后还要烘托出符合商品特性的氛围，如羽绒服，背景可以采用冬天的冰山等。

↘ 5.1.3　商品详情页的主要内容

商品详情页一般包括焦点图、商品信息描述、商品卖点、快递与售后以及温馨提示等内容，下面将分别进行介绍。

● 焦点图的体现。焦点图一般位于商品详情页的最上方，类似于首页中的轮播海报。焦点图中可以展现商品的卖点、促销活动和优惠特价等促销信息，以及品牌形象和设计理念；不应局限于畅销商品，也可展示店铺中的其他商品或促销信息。在设计焦点图时，要注意风格的统一，不要与下方的描述图产生严重的色差对比，否则会造成焦点图太"另类"，让消费者感到突兀。

● 商品信息的描述。该部分既可以对商品信息进行介绍，又可以对设计理念、商品尺寸以及注意事项进行展示。

● 商品卖点。卖点是基于交易对象的需求点来展开的，抓住消费者的需求，并根据需求突出商品的优势，即为抓住了商品的卖点。在商品详情页中，可根据消费者的需求对商品的整体、细节和包装等版块进行制作，从细节体现出商品的优势，从而留住消费者；或是从商品的性能入手，如皮鞋可以从耐用、美观、品质、皮面、设计和工艺等方面入手，从性能来体现卖点。

● 快递与售后。快递与售后作为商品的保障页面，在该页面中可以展现店铺专业的包装、服务承诺、品质保障、7天无理由退换货等，用真挚的服务打消消费者最后的顾虑，从而促进购买。

● 温馨提示。温馨提示主要是对容易出现的问题进行提前解答。如是不是正品？商品实物与图片一样吗？不合适可以退货吗？这些问题都可以通过简单的提示来解答。

商品详情页中不需要包括以上所有的内容，网店美工应该根据商品的具体情况、商家的要求和目标消费者的情况进行具体分析，才能取得更好的效果。

5.2 商品详情页的制作

在明确了商品详情页的设计思路和主要内容以后，美工人员就可以着手进行商品详情页的具体制作工作了。下面将对焦点图、商品信息描述、商品卖点、快递和售后等内容的制作方法进行介绍，以帮助美工人员制作出更优质的商品详情页。

扫一扫　实例演示

↘ 5.2.1 制作焦点图

焦点图的制作方法与海报类似。本小节将继续制作茶叶的焦点图，在制作时主要分为两个部分，第一部分体现茶叶是送礼的佳品，第二部分展现茶叶的效果，其具体操作如下。

STEP 01 新建大小为"750像素×2210像素"、"分辨率"为"72像素/英寸"、名为"茶叶焦点图"的文件。

STEP 02 选择"矩形工具" ▣ 绘制一个"750像素×1120像素"的矩形，并设置填充颜色为"#251411"。

STEP 03 打开"古风.psd"素材文件（配套资源:\素材文件\第5章\古风.psd），将其拖曳到矩形中并调整位置和大小，效果如图5-6所示。

图5-6　添加古风素材

STEP 04 选择古风图像所在图层，打开"图层"面板，设置图层混合模式为"强光"，使整个效果与背景简单融合，效果如图5-7所示。

图5-7　设置图层混合模式

STEP 05 单击"添加图层蒙版"按钮 ▣ 为图层添加图层蒙版，选择"画笔工具" ✔ 在图像上方进行涂抹，使场景与背景更加融合，效果如图5-8所示。

STEP 06 打开"焦点图素材.psd"素材文件（配套资源:\素材文件\第5章\焦点图素材.psd），将其拖曳到焦点图中并调整位置和大小，效果如图5-9所示。

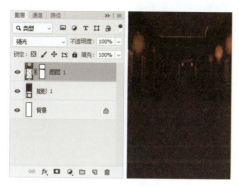

图5-8　添加图层蒙版

本颜色"为"#e5be78"，效果如图5-11所示。

图5-10　绘制投影

图5-9　添加焦点图素材

STEP 07　新建图层，并将该图层拖曳到绿茶图像的下方，将其前景色设置为"#020000"，选择"画笔工具" ✎在绿茶图像的下方绘制投影，效果如图5-10所示。

STEP 08　选择"横排文字工具" T 输入文字"毛尖茶"，并设置"字体"为"方正平和简体"，"字号"为"160 点"，"文

图5-11　输入文字"毛尖茶"

STEP 09 打开"焦点图装饰素材.psd"（配套资源:\素材文件\第5章\焦点图装饰素材.psd），将其中的光源和梅花拖曳到焦点图中并调整大小和位置，效果如图5-12所示。

图5-13 绘制矩形并设置不透明度

STEP 12 选择"矩形工具" 在矩形的上方绘制一个"400像素×510像素"的矩形。

STEP 13 打开"焦点图装饰素材.psd"，将其中的茶叶平放素材拖曳到焦点图中并调整大小和位置，效果如图5-14所示。

图5-12 添加装饰素材

STEP 10 打开"背景素材.jpg"素材文件（配套资源:\素材文件\第5章\背景素材.jpg），将其拖曳到图像下方并调整大小和位置作为焦点图背景。

STEP 11 选择"矩形工具" 绘制一个"440像素×540像素"的矩形，并设置填充颜色为"#699480"，打开"图层"面板，设置"不透明度"为"60%"，如图5-13所示。

图5-14 添加茶叶平放素材

STEP 14 选择"横排文字工具" 输入文字"高""山""毛""尖"，并设置"字体"为"汉仪中等线简"，"字号"为"95点"，"文本颜色"为"#020100"，效果如图5-15所示。

图5-15 输入文字

STEP 15 在"图层"面板中双击"高"文字所在图层，打开"图层样式"对话框，单击选中"渐变叠加"复选框，设置"渐变颜色"为"#2a2b2b~#e6d2b2"，角度为"−1"，单击 确定 按钮，如图5-16所示。

图5-16 设置渐变叠加参数

STEP 16 单击选中"投影"复选框，设置"投影颜色""不透明度""角度""距离""大小"分别为"#272729""100""120""6""9"，单击 确定 按钮，如图5-17所示。

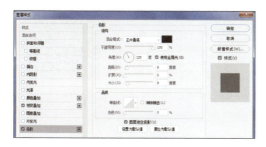

图5-17 设置投影参数

STEP 17 选择"高"文本图层，单击鼠标右键，在弹出的快捷菜单中选择"拷贝图层样式"命令以拷贝图层样式；选择"山"文字图层，在其上单击鼠标右键，在弹出的快捷菜单中选择"粘贴图层样式"命令以粘贴图层样式，如图5-18所示。

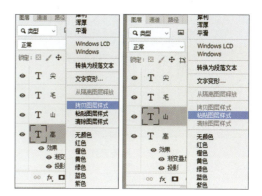

图5-18 复制图层样式

STEP 18 使用相同的方法，对"毛"和"尖"文字图层粘贴图层样式，完成后的效果如图5-19所示。

图5-19 复制图层样式

STEP 19 选择"横排文字工具" T.输入图5-20所示的文字，并设置"字体"为"汉仪中等线简"，"文本颜色"为"#2f2e2e"，再调整文字大小和位置。

图5-20 输入其他文字

STEP 20 选择"直线工具" 在小文字上下绘制两条直线，如图5-21所示。

图5-21 绘制直线

STEP 21 选择"横排文字工具" T. 输
入图 5-22 所示的文字，并设置"字体"
为"汉仪中等线简"，"文本颜色"为
"#2f2e2e"，再调整文字大小和位置，并
设置"不透明度"为"30%"，按"Ctrl+S"
组合键保存图像（配套资源:\ 效果文件 \
第 5 章 \ 茶叶焦点图 .psd），效果如图 5-22
所示。

图5-22 完成后的效果

↘ 5.2.2 制作商品信息描述图

扫一扫 实例演示

商品信息描述包含的内容很多，可以是商品尺寸的描述，也
可以是商品基本信息的介绍。本小节将在焦点图的基础上制作商
品信息描述图，该图主要由3大必选要素、注意事项和详细介绍
组成，其具体操作如下。

STEP 01 新建大小为"750 像素 ×3200
像素"、"分辨率"为"72 像素 / 英寸"、
名为"茶叶商品信息描述"的文件。选
择"矩形工具" □ 绘制一个大小为"750
像素 ×1080 像素"的矩形，并设置填充
颜色为"#497661"。

STEP 02 按"Ctrl+J"组合键复制矩形图
层，双击该图层打开"图层样式"对话框，
单击选中"图案叠加"复选框，在"图案"
下拉列表中选择"Tiles-Smooth（128 像
素 ×128 像素，灰度模式"选项，并设

置"不透明度"为"60%"，缩放为"30%"，
单击 确定 按钮，如图 5-23 所示。

图5-23 设置图案叠加参数

STEP 03　打开"图层"面板，设置图层混合模式为"颜色加深"，"不透明度"为"15%"，如图5-24所示。

图5-24　设置图层混合模式

STEP 04　打开"商品信息描述素材.psd"素材文件（配套资源:\素材文件\第5章\商品信息描述素材.psd），将其中的茶叶素材拖曳到商品信息描述文件中，并调整大小和位置。

STEP 05　选择"横排文字工具" T.输入文字"3大必选要素"，并设置"字体"为"汉仪竹节体简"，"字号"为"90点"，"文本颜色"为"#e2d89c"，再调整文字的位置，效果如图5-25所示。

图5-25　添加素材并输入文字

STEP 06　双击"3大必选要素"图层打

开"图层样式"对话框，单击选中"斜面和浮雕"复选框，在"高光模式"下拉列表中选择"实色混合"选项，并设置高光颜色为"#bbb385"，单击 确定 按钮，如图5-26所示。

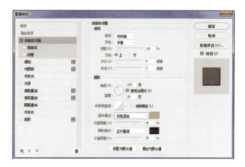

图5-26　设置斜面和浮雕参数

STEP 07　选择"横排文字工具" T.输入图5-27所示的文字，并设置"字体"为"汉仪中等线简"，"文本颜色"为"#cac792"，再调整文字位置、大小。

图5-27　输入文字

STEP 08 选择"椭圆工具" ◯.在文字左侧绘制 4 个"20 像素 ×20 像素"的正圆，并设置填充颜色为"#cac792"，效果如图 5-28 所示。

图5-28 输入文字

STEP 09 选择"直线工具" ／.在小文字上下两边绘制直线，效果如图 5-29 所示。

图5-29 绘制直线

STEP 10 选择"矩形工具" ▢.绘制一个"750 像素 ×1080 像素"的矩形，并设置填充颜色为"#202020"。

STEP 11 打开"商品信息描述素材 .psd"素材文件，将其中的茶罐素材拖曳到商品信息描述文件中，并调整其大小和位置。

STEP 12 选择上张效果图中的所有文字图层，按住"Alt"键不放并向下拖曳以复制文字，再将选择的文字图层移动到图层的最上方，效果如图 5-30 所示。

图5-30 复制文字

STEP 13 修改复制后的文字，完成后的效果如图 5-31 所示。

STEP 14 选择第一张效果图中的背景，按住"Alt"键不放并向下拖曳以复制背景效果，再将选择的背景图层移动到图层的最上方。

图5-31　修改文字

STEP 15 选择"注意事项"文字，按住"Alt"键不放并向下拖曳以复制文字，再修改文字为"毛尖"，效果如图5-32所示。

图5-32　复制并修改文字

STEP 16 选择"横排文字工具" T.输入图5-33所示的文字，并设置"字体"

为"汉仪中等线简"，"文本颜色"为"#cac792"，再调整文字位置、大小。选择"直线工具" /.在下方文字上下绘制两条直线。

图5-33　输入文字并绘制直线

STEP 17 打开"商品信息描述素材.psd"素材文件，将其中的茶盘素材拖曳到商品信息描述文件中，并调整大小和位置。

STEP 18 双击添加的素材图层打开"图层样式"对话框，单击选中"投影"复选框，设置"距离""扩展""大小"分别为"19""4""27"，单击 确定 按钮，如图5-34所示。

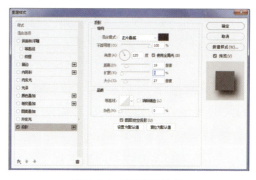

图5-34　设置投影参数

STEP 19 选择"圆角矩形工具" □.在图像的下方绘制一个"600像素×330像素"的圆角矩形，并设置填充颜色为"#668877"。

STEP 20 打开"商品信息描述素材 .psd"素材文件，将其中的玻璃杯素材拖曳到圆角矩形的左侧，并调整大小和位置，效果如图5-35所示。

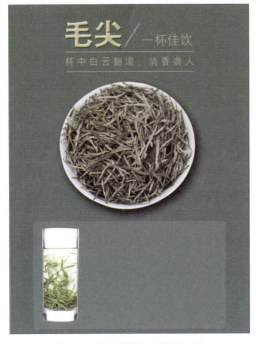

图5-35 绘制圆角矩形并添加素材

STEP 21 选择"直排文字工具"  输入图5-36所示的文字，并设置"字体"为"汉仪中等线简"，调整文字位置、大小、颜色。选择"直线工具" ，在文字的两边绘制两条直线，效果如图5-36所示。

STEP 22 按"Ctrl+S"组合键保存图像（配套资源:\效果文件\第5章\茶叶商品信息描述 .psd）。

图5-36 茶叶商品信息描述效果图

5.2.3　制作商品卖点图

商品卖点是指商品具备的独特的的特色、特点。它可以是商品与生俱来的特质，如细节工艺、用途，也可以是营销策划创造出来的某种卖点。本小节将对茶叶的冲泡效果进行展现，其具体操作如下。

扫一扫　实例演示

STEP 01　新建大小为"750 像素 ×1950 像素"、"分辨率"为"72 像素 / 英寸"、名为"茶叶商品卖点图"的文件。

STEP 02　打开"茶叶商品卖点图素材 .psd"（配套资源 :\ 素材文件 \ 第 5 章 \ 茶叶商品卖点图素材 .psd），将其中的茶叶冲泡效果图素材拖曳到卖点图文件的顶部，并调整大小和位置。

STEP 03　选择"横排文字工具" T，输入图 5-37 所示的文字，并设置"字体"为"汉仪竹节体简"，"文本颜色"分别为"#e2d89c""#000000"，完成后调整文字大小和位置，如图 5-37 所示。

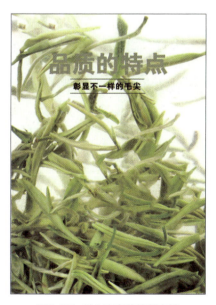

图5-37　输入文字并绘制直线

STEP 04　选择"直线工具" /，在"彰显不一样的毛尖"文字的上下两边绘制直线。

STEP 05　双击"品质的特点"图层打开"图层样式"对话框，单击选中"斜面和浮雕"复选框，在"高光模式"下拉列表中选择"实色混合"选项，并设置高光颜色为"#bbb385"，单击 确定 按钮，如图 5-38 所示。

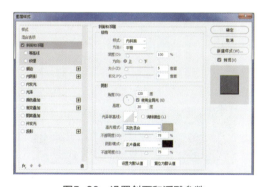

图5-38　设置斜面和浮雕参数

STEP 06　选择"矩形工具" □，绘制一个"500 像素 ×300 像素"的矩形，并设置填充颜色为"#ffffff"，打开"图层"面板，设置"不透明度"为"70%"。

STEP 07　选择"直排文字工具" IT，输入图 5-39 所示的文字，并设置"字体"为"汉仪中等线简"，调整文字位置、大小、颜色，如图 5-39 所示。

STEP 08　选择"直线工具" /，在文字的两边绘制直线，使整体效果更加美观，如图 5-40 所示。

图5-39　输入文字

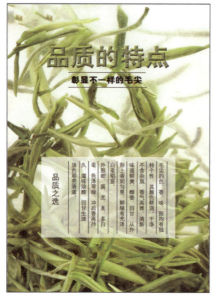

图5-40　绘制直线

STEP 09 选择"矩形工具" □ 绘制一个"750 像素 ×1070 像素"的矩形，并设置填充颜色为"#202020"。

STEP 10 打开"茶叶商品卖点图素材 .psd"素材文件，将其中的茶叶效果图素材拖曳到矩形上方，按"Alt+Ctrl+G"组合键创建剪贴蒙版，然后设置"不透明度"为"10%"。

STEP 11 打开"茶叶商品信息描述 .psd"素材文件，将其中的标题文字素材拖曳到

矩形上方，并更改其中的文字内容，完成后的效果如图 5-41 所示。

图5-41　绘制矩形并更改复制的文字

STEP 12 选择"矩形工具" □ 绘制 3 个大小为"560 像素 ×270 像素"的矩形，并设置填充颜色为"#f6e8c5"。

STEP 13 打开"茶叶商品卖点图素材 .psd"素材文件，将其中的采摘图和生长图素材拖曳到绘制的矩形中，调整大小和位置，效果如图 5-42 所示。

图5-42　绘制矩形并添加素材

STEP 14 选择"横排文字工具" T. 输入图 5-43 所示的文字，并设置"字体"为"汉仪中等线简"，"文本颜色"为"#1e1603"，然后调整文字大小和位置，如图 5-43 所示。

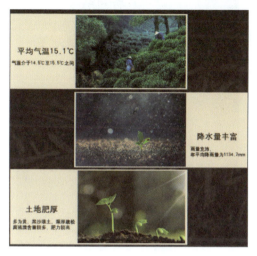

图5-43　输入文字

STEP 15 选择"自定形状工具" ，在工具属性栏中设置填充颜色为"#535353"，在"形状"下拉列表中选择"波浪"选项，然后在"平均气温 15.1℃"文字上方绘制波浪形状，如图 5-44 所示。

图5-44　绘制波浪形状

STEP 16 在"降水量丰富""土地肥厚"文字上方分别绘制"雨滴""草3"形状，

完成后的效果如图 5-45 所示。

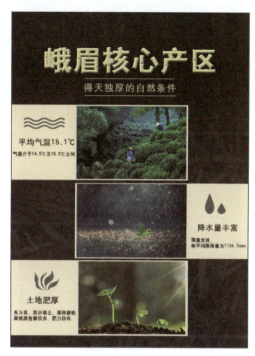

图5-45　绘制其他形状

STEP 17 选择"矩形工具" 绘制一个大小为"750 像素 ×2100 像素"的矩形，并设置填充颜色为"#327351"。

STEP 18 打开"茶叶商品卖点图素材 .psd"素材文件，将其中的茶叶效果素材拖曳到矩形上方，效果如图 5-46 所示。

STEP 19 选择"横排文字工具" T. 输入图 5-47 所示的文字，并设置"字体"为"汉仪竹节体简"，"文本颜色"分别为"#327351""#000000"，然后调整文字大小和位置，如图 5-47 所示。

图5-46　添加茶叶效果素材

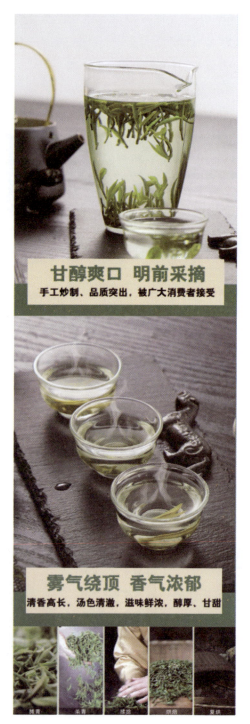

图5-47　输入文字

STEP 20 选择"矩形工具" ▢ 绘制一个大小为"750 像素 ×1800 像素"的矩形，并设置填充颜色为"#202020"。

STEP 21 打开"茶叶商品卖点图素材 .psd"素材文件，将其中的茶叶冲泡效果素材拖曳到矩形上方，按"Alt+Ctrl+G"组合键创建剪贴蒙版，然后设置"不透明度"为"8%"。

STEP 22 将标题文字拖曳到矩形上方，更改其中的文字内容。打开"茶叶商品卖点图素材 .psd"素材文件，将图 5-48

所示的素材拖曳到矩形上方，调整大小和位置。

STEP 23 选择"横排文字工具" ▣ 输入图 5-49 所示的文字，并设置"字体"为"汉仪竹节体简"，"文本颜色"分别为"#e2d89c""#fefefe"，然后调整文字大小和位置，如图 5-49 所示。

STEP 24 按"Ctrl+S"组合键保存图像（配套资源:\ 效果文件 \ 第 5 章 \ 茶叶商品卖点图 .psd）。

图5-48 添加素材

图5-49 完成后的效果

5.3 综合实训——制作摄影包商品详情页

摄影包的实用性是吸引消费者购买的首要条件。商品详情页作为消费者购买的依据，要求摄影包的图片真实，清晰、完整地展示商品的特征，并通过描述文字等突出商品的卖点和亮点，达到最大限度地吸引消费者的目的。本实训需要体现摄影包的实用、耐磨、防滑、透气、防水、舒适等特征，完成后的效果如图5-50所示。

图5-50 摄影包商品详情页效果

1. 设计思路

根据消费者的浏览模式和购买心理，可从以下几个方面进行商品详情页的设计。

（1）为了吸引并留住消费者，使其产生继续看下去的欲望，使用砂砾、水花、风浪作为素材来体现摄影包的防水、防尘的特点。

（2）根据设计理念和商品信息，让消费者了解摄影包的品牌历史和理解摄影包的具体用途。

（3）对摄影包的细节进行展现，并通过日常使用效果来吸引消费者进行浏览与购买。

2. 知识要点

要想完成本例的制作，需要掌握以下知识。

（1）使用"矩形工具" ▢ 和"添加图层蒙版"按钮 ▢ 制作摄影包焦点图的背景，并在其中输入深色的文字，以强调商品的信息，达到吸引消费者的目的。

（2）使用"横排文字工具" T 和"矩形工具" ▢ 制作设计理念图和商品信息图。

（3）制作细节图并使用"矩形工具" ▢ 和"横排文字工具" T 对文字和素材图片进行处理，并完成商品详情页的制作。

扫一扫　实例演示

3. 操作步骤

下面将制作摄影包的商品详情页，其具体操作如下。

STEP 01 新建大小为"750像素×3330像素"、"分辨率"为"72像素/英寸"、名为"摄影包商品详情页"的文件。

STEP 02 选择"矩形工具" ▢ 绘制一个大小为"750像素×420像素"的矩形，打开"背景1.jpg""天空1.psd"素材文件（配套资源:\素材文件\第5章\摄影包商品详情页素材\背景1.jpg、天空1.psd），将其拖曳到矩形上方，并调整位置和大小，效果如图5-51所示。

图5-51　制作背景1

STEP 03 打开"背景2.jpg"素材文件（配套资源:\素材文件\第5章\摄影包商

品详情页素材\背景2.jpg），将其拖曳到矩形下方并调整其大小，然后在"图层"面板中单击"添加图层蒙版"按钮 ▢ 添加图层蒙版，将背景色转换为黑色，选择"画笔工具" ✏ 在添加的图片上进行涂抹，在涂抹过程中可调整画笔大小和不透明度，如图5-52所示。

图5-52　为背景2添加图层蒙版

STEP 04 打开"背景3.jpg"素材文件（配套资源:\素材文件\第5章\摄影包商品详情页素材\背景3.jpg），将其拖曳到焦点图文件中。按"Ctrl+T"组合键调整其大小，并向右旋转使波浪横向显示，效果如图 5-53 所示。

图5-53 调整背景3的位置

STEP 05 新建蒙版图层，选择"画笔工具" ，在添加的图片上进行涂抹，使波浪与背景融合，效果如图 5-54 所示。打开"水花 .psd"素材文件（配套资源 :\ 素材文件 \ 第 5 章 \ 摄影包商品详情页素材 \ 水花 .psd），将其添加到波浪上面。

图5-54 为背景3添加图层蒙版

STEP 06 调整水花和其他图层的位置，选择除矩形外的所有图层，按"Alt+Ctrl+G"组合键创建剪贴蒙版，完成基础背景的制作，效果如图 5-55 所示。

图5-55 基础背景效果

STEP 07 使用相同的方法，打开"摄影包 .psd"素材文件（配套资源 :\ 素材文件 \ 第 5 章 \ 摄影包商品详情页素材 \ 摄影包 .psd），将其添加到黄沙上面，并在"图层样式"对话框中添加投影，效果如图 5-56 所示。

图5-56 添加摄影包和投影

STEP 08 打开"灰沙 .psd"素材文件（配套资源 :\ 素材文件 \ 第 5 章 \ 摄影包商品详情页素材 \ 灰沙 .psd），将其添加到包的外侧，然后复制该图层，并将其调整到适当位置。

STEP 09 选择"灰沙"图层，单击"添加图层蒙版"按钮 □ 新建图层蒙版，对灰沙进行蒙版涂抹，然后调整灰沙的位置，并置入矩形中，如图 5-57 所示。

图5-57 调整图层后的效果

STEP 10 选择"横排文字工具" ，在背景中输入文字"Billingham"，并设置"字体"为"文鼎霹雳体"，"字号"为"28 点"，再加粗显示；然后给文字添加投影图层样式，并设置投影的"不透明度"为"60%"，"角度"为"120°"，"距离"为"3像素"，效果如图5-58所示。

图5-58 输入文字并添加投影

STEP 11 选择"横排文字工具" T 输入文字"之"，并设置"字体"为"迷你简粗隶书"，"字号"为"22点"，且加粗显示；然后选择"椭圆工具" O 绘制"直径"为"30像素"且填充颜色为白色的正圆，将其置于"之"下方，效果如图5-59所示。

图5-59 绘制圆

STEP 12 选中"横排文字工具" T 输入文字"探秘迷踪"，设置"字体"为"方正黑体简体"，"字号"为"63点"，并设置"文本颜色"为"#32000a"。然后打开"图层样式"对话框，单击选中"斜面和浮雕"复选框，单击 确定 按钮，效果如图5-60所示。

图5-60 输入文字"探秘迷踪"

STEP 13 复制"探秘迷踪"图层，并将图层中的字体加粗显示，打开"图层样式"对话框，单击选中"渐变叠加"复选框，设置"混合模式"为"叠加"，并设置"渐变"为从"#ff6e02"到"#ffff00"的渐变，如图5-61所示。

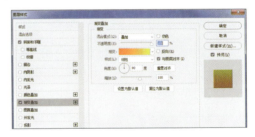

图5-61 设置渐变叠加参数

STEP 14 单击选中"图案叠加"复选框，设置"混合模式"为"变暗"，并设置"图案"为"黄色图案"，单击 确定 按钮，如图5-62所示。

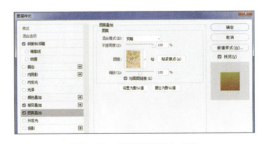

图5-62 设置图案叠加参数

STEP 15 选择"矩形工具" 绘制一个大小为"280 像素 ×25 像素"的矩形，并设置填充颜色为"#d22305"，最后栅格化该图层。

STEP 16 鼠标右键单击矩形，在弹出的快捷菜单中选择"倾斜"命令，然后拖曳控制点调整矩形使其倾斜，最后设置"不透明度"为"60%"，效果如图5-63所示。

图5-63 倾斜矩形并调整不透明度

STEP 17 在矩形上输入文字"耐磨 / 防滑 / 透气 / 防水 / 舒适"，设置"字体"为"方正大黑简体"，"字号"为"13 点"且倾斜显示。然后打开"图层样式"对话框，设置描边"大小"为"1 像素"，外发光的"不透明度"为"75%"，投影的"不透明度"为"59%"，单击 确定 按钮，效果如图5-64所示。

图5-64 在倾斜的矩形中输入文字

STEP 18 选择"矩形工具" 绘制一

个大小为"170 像素 ×30 像素"的矩形，设置填充颜色为"#d22305"，并倾斜显示，为矩形文字添加内阴影图层样式，并设置内阴影的"不透明度"为"25%"。然后在其上输入文字"全国包邮"，设置"字体"为"黑体"，"字号"为"22 点"，"文本颜色"为"#ffff00"，并加粗显示，再为其添加投影图层样式，完成后的效果如图5-65所示。

图5-65 绘制矩形并添加文字

STEP 19 使用相同的方法，输入文字"旅途必备 3 色可选"，设置"字体"为"方正黑体简体"，"字号"为"20 点"，"文本颜色"为"#ffff00"，并倾斜显示，再为其添加渐变叠加和投影图层样式。新建图层，选择"铅笔工具" ，按住"Shift"键不放绘制图 5-66 所示的形状，并将左右两侧线段倾斜显示。

图5-66 添加文字与矩形

STEP 20 使用前面的方法绘制矩形，并将其倾斜，然后添加图层蒙版，并涂抹上半部分，使其形成下实上虚的效果。在打开的素材中，选择其他两种颜色的包素材，将其移动到图像中并调整大小和位置，完成后的效果如图5-67所示。

图5-67　添加其他摄影包素材

STEP 21 使用相同的方法，输入文字"市场价：840元""旅行价：""¥""238.00"，设置不同的字体大小和颜色，并添加描边图层样式，完成焦点图的制作，效果如图5-68所示。

图5-68　摄影包焦点图

STEP 22 打开"摄影包.psd"素材文件（配套资源:\素材文件\第5章\摄影包商品详情页素材\摄影包.psd），将其放于左上方，如图5-69所示。

STEP 23 新建图层，选择"横排文字蒙版工具"在新建的图层中输入文字"经典创作/原创设计"，并设置"字体"为"黑体"，"字号"为"36点"；选择"渐

变工具"在工具属性栏中设置"渐变颜色"为"黑白渐变"，并设置"渐变方式"为"对称渐变"，如图5-70所示。

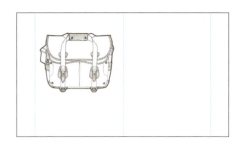

图5-69　添加摄影包素材

图5-70　输入蒙版文字

STEP 24 在文字下方单击确定起点，向上拖曳为蒙版文字添加黑白渐变。需注意的是，因为是白色背景，所以渐变中的白色区域不宜过多，以免造成文字显示不完整，效果如图5-71所示。

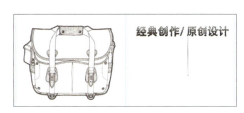

图5-71　为文字添加黑白渐变

STEP 25 按"Ctrl+D"组合键取消选区，选择"横排文字工具" T.在其中输入图5-72所示的文字，并设置"字体"为"汉仪楷体简"，"字号"为"16点"，"文本颜色"为"黑色"。然后调整文字的位置。

图5-72 输入设计原理

STEP 26 选择"横排文字工具" T.输入文字"产品信息"和"让您更详细地了解商品"，并设置"字体"为"黑体"，"字号"分别为"24点"和"18点"。选择"矩形工具" □.绘制一个大小为"275像素×40像素"的矩形，将其移动到文字下方，对其进行栅格化处理，然后选择"橡皮擦工具" ◢.将文字部分擦除，效果如图5-73所示。

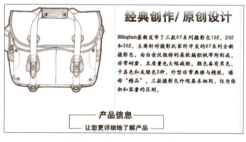

图5-73 输入文字并绘制矩形

STEP 27 将黄色的摄影包拖入描述图文件的右下角，选择"直线工具" ✎.按住"Shift"键不放，绘制一条与包一样高的竖线，并在竖线的两端绘制长为"20

像素"的横线，选择"直排文字工具" IT.输入文字"300mm"，调整其位置，然后选择尺寸对应的图层，并在其上单击鼠标右键，在弹出的快捷菜单中选择"链接图层"命令以链接图层，效果如图5-74所示。

图5-74 制作包的尺寸标注

STEP 28 复制标注对应的图层，将其移动到其他区域，并按"Ctrl+T"组合键进入可变换状态以调整标注位置，并选择"横排文字工具" T.，将其中的文字改为"350mm"。使用相同的方法，复制并调整右侧的标注，修改其中的文字为"210mm"，完成后将3个图层链接起来，效果如图5-75所示。

图5-75 复制并添加其他标注

STEP 29 选择"横排文字工具" T.输入文字"Billingham产品详解"，并设置中文"字体"为"黑体"，英文"字体"为

"Acanthus"，"字号"为"25点"。选择"多边形工具" 绘制边数为"3"，长宽为"10"的等边三角形，并将其移动到输入文字的前方，效果如图5-76所示。

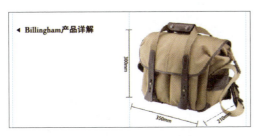

图5-76 输入商品详解文字

STEP 30 选择"横排文字工具" T 输入图5-77所示的段落文字，并设置"字体"为"宋体"，"字号"为"26点"，完成商品信息描述图的制作。

图5-77 商品信息描述效果

STEP 31 打开"背景3.jpg"素材文件（配套资源:\素材文件\第5章\摄影包商品详情页素材\背景3.jpg），将其拖动

到图像下方，选择"矩形选框工具" ，绘制一个大小为"500像素×150像素"的矩形，选择"移动工具" 进行拖曳即可完成框选区域的裁剪操作，效果如图5-78所示。

图5-78 裁剪图片

STEP 32 按"Ctrl+J"组合键将裁剪的选区复制到新图层中，删除原有图层，并将裁剪后的图像移动到右上角。

STEP 33 选择"矩形工具" 绘制一个大小为"250像素×150像素"的矩形，并将其填充颜色设置为"#113239"，在墨绿色区域中输入文字"产品细节卖点"和"Product details selling point"，并分别设置字体为"方正兰亭超细黑简体"和"Apple Chancery"，字号为"32点"和"18点"，如图5-79所示。

图5-79 绘制矩形并添加文字

STEP 34 打开"商品展示.jpg"素材文

件（配套资源:\素材文件\第5章\摄影包商品详情页素材\商品展示.jpg），将其拖曳到标题下方，使其显示完整。

STEP 35 在图片下方输入图5-80所示的文字，并设置字体为"方正兰亭超细黑简体"，字号分别为"30点"和"14点"。将背景色填充为"#c7c4b3"，并在文本上绘制一个"600像素×100像素"的矩形，再填充颜色为"#e5dac0"。

图5-80　输入并填充文字

STEP 36 分别打开"图片3.jpg""图片2.jpg""细节1.jpg""细节2.jpg""细节3.jpg"素材文件（配套资源:\素材文件\第5章\摄影包商品详情页素材\图片3.jpg、图片2.jpg、细节1.jpg、细节2.jpg、细节3.jpg），并拖曳到卖点图中进行简单排列，完成后输入图5-81所示的文字，并在下方文本上绘制一个"750像素×100像素"的矩形，再填充颜色为

"#e5dac0"。

图5-81　排版图片并输入文字

STEP 37 打开"背景图片.jpg"素材文件（配套资源:\素材文件\第5章\摄影包商品详情页素材\背景图片.jpg），将其拖曳到卖点图的最下方，并移动到细节图的底部，完成后选择"橡皮擦工具"对细节的边缘进行擦除，使其虚化显示，效果如图5-82所示（配套资源:\效果文件\第5章\摄影包商品详情页.psd）。

图5-82　添加背景图片后的效果

5.4　疑难解答

由于商品详情页中要体现的内容较多，制作方法也较为复杂，所以是网店美工工作中的难点。在实际工作中，美工人员往往会遇到一些麻烦，如"制作的描述图该如何上传到详情页中？""在商品详情页中如何完整表现细节图？"等，下面将针对这些问题进行解答。

1.　制作的描述图该如何上传到详情页中？

描述图的上传方法与首页基本相同，即使用自定义模块。自定义模块的使用方法与首页的自定义模块的使用方法相同，常通过代码完成。

2.　在商品详情页中如何完整表现细节图？

商品详情页中必不可少的就是细节图，但是由于细节图只是商品的一部分，如果单独摆放不够完整，为了页面的美观性与完整性，可通过两种方式进行摆放，让其更加直观：①将其摆放到商品展示图中，在展示商品的同时展示细节；②将其放于页面末尾，通过左图右文或是左文右图的方式进行摆放。这样不但可以对细节进行展示，还可以对细节进行文字讲解。

5.5　课后习题

（1）秋天到了，棉袜可以使脚更加温暖，因此在制作棉袜商品描述时，要以温暖为首要条件。而详情页作为消费者购买的依据，它要求图片真实、清晰、完整地展示商品的特征，并通过描述文字等突出商品的卖点和亮点，以达到最大化地吸引消费者的目的。本题需要体现棉袜的特征有：①天然、纯棉；②抗菌、防臭；③柔软、舒适；④温暖、不易起球（配套资源:\素材文件\第5章\棉袜）。完成后的效果可参考图5-83（配套资源:\效果文件\第5章\课后习题\棉袜商品详情页.psd）。

（2）时尚小包是大多数人夏天必备的商品，在制作该详情页时，可将其分为5个部分，分别是焦点图、商品参数、色彩选择、商品亮点以及细节展示，在制作时应该将小包百搭的特点体现出来。本题通过不同的人物穿戴搭配（配套资源:\素材文件\第5章\女包商品详情页素材.psd），让时尚和百搭的特点体现出来，并通过细节展示让商品的品质得到展现，完成后的效果可参考图5-84（配套资源:\效果文件\第5章\课后习题\女包商品详情页.psd）。

图5-83　棉袜商品详情页　　　　　　　　图5-84　女包商品详情页

第**6**章

店铺推广与视频制作

在完成了首页和详情页的装修后，商家也不能被动地等待消费者上门，应该主动对店铺和商品进行推广，以获取更多的流量，从而提高销售业绩。而这些推广活动页需要网店美工进行装修美化。本章将对主要的几种推广方式，如主图、智钻、直通车和商品视频的设计和制作进行讲解，以帮助网店美工更好地进行店铺推广和创意装修工作。

学习目标

- 掌握制作创意主图以提升消费者购买率的方法
- 掌握制作智钻图和直通车图的方法
- 掌握视频的制作方法和上传方法

6.1 主图的制作

消费者在点击进入商品详情页之前，所能看到的只有商品的名称与主图，主图就成了影响消费者是否愿意进一步了解商品的关键因素。优质的主图足以为网店吸引到巨大的流量，可以说主图是商品的"招牌"。下面将对主图的设计要点和主图的制作方法进行介绍。

↘ 6.1.1 主图的设计要点

作为商品的招牌，主图对商品销售的影响是多方面的：图片场景展示了商品的使用范围，可以提高消费者的认知度；图片的清晰度和颜色会影响消费者的购买欲望；创意卖点可以吸引消费者的注意力；促销信息则可以提高商品点击率。下面将对这些设计要点分别进行介绍。

- **图片场景**。在设计图片场景时，不同背景、不同虚化程度的素材，都可能影响图片的视觉效果，进而影响点击率。曾有数据调研的结论：点击率在2%以上的抽样图片中，有50%使用的是生活背景。

- **商品清晰度**。作为商品的主图，清晰度是最重要的，如果主图中的商品不够清晰，那么会使主图的效果大打折扣。

- **商品颜色**。主图颜色常常是可以烘托商品的纯色背景，切忌用过于繁杂的背景，因为人的眼睛一次只能存储两三种颜色，以纯色做背景时不仅在颜色搭配上比较容易，也更能令人印象深刻。反之，背景色采用过多、杂乱的颜色，会让消费者的眼睛感到疲倦，将会分散其注意力，影响其购买欲望，让效果大打折扣。

- **创意卖点**。主图卖点并不一定是促销内容，而是吸引消费者的亮点，是商品的核心竞争力。当消费者看到该主图时，会马上联想到该商品最突出的优势，这样的主图就是成功的。

- **模特展示**。有些类别的商品一般在主图上不只展示商品，还使用模特与商品结合的图片来展示，如服装、饰品、生活工具等。使用模特进行商品的展示可以更直观地向消费者展示商品的效果，从而赢得消费者的青睐。

- **促销信息**。消费者比较喜欢促销的商品，所以在商品促销中，将促销信息设置到商品图片中可以提高点击率。如限时抢购、最后一天等促销文案会让人有再不买就将错过的紧迫感。需要注意的是，促销信息要尽量明确、统一字体，应尽量保持在10个字内，要做到简短、清晰、有力，并避免促销信息混乱、喧宾夺主等问题。图6-1所示为具有创意点的促销信息。

图6-1　促销信息

↘ 6.1.2　制作主图

　　商品主图既需要包含一定的促销信息，也需要表现商品信息。本例将制作电饭煲的主图，在该主图中需要体现出产品的特点、促销信息以及赠送的礼品，并且通过烹饪的特点，体现出电饭煲的优点和特点，其具体操作如下。

扫一扫　实例演示

STEP　01　新建大小为"800 像素 ×800 像素"、"分辨率"为"72 像素 / 英寸"、名为"电饭煲主图"的文件。打开"背景 1.jpg"（配套资源:\ 素材文件 \ 第 6 章 \ 背景 1.jpg），将其拖曳到主图文件中，调整其位置和大小，然后绘制一个大小为"230 像素 ×100 像素"的矩形，设置填充颜色为"#6d5d50"，继续绘制一个大小为"200 像素 ×100 像素"的矩形，设置填充颜色为"#25c501"，效果如图 6-2 所示。

图6-2　添加背景并绘制矩形

STEP　02　在右上角绘制一个大小为"250 像素 ×100 像素"的矩形，设置填充颜色为"#ff6a06"，栅格化图层，并按"Ctrl+T"组合键将其倾斜变形。完成后输入文字"SUEDR"，并设置"字体"为"Cooper Std"，然后输入文字"促销季"，设置"字体"

为"华文细黑"，输入文字"天天特价"，设置"字体"为"黑体"，最后调整字体的大小和位置，效果如图 6-3 所示。

图6-3　绘制矩形并输入文本

STEP 03　选择"圆角矩形工具" ◻，绘制一个大小为"200 像素 ×100 像素"的圆角矩形，将其填充为白色，在其上输入文字"10 月 10 日—10 月 30 日"，设置"字体"为"黑体"，调整文字大小，效果如图 6-4 所示。

图6-4　绘制圆角矩形并输入文字

STEP 04　在其下方绘制一个大小为"800 像素 ×100 像素"的矩形，设置填充颜色为"#cfcfcf"，在"图层"面板中单击

"添加图层蒙版"按钮 ◻ 新建蒙版，并选择"画笔工具" ✓ 涂抹矩形右侧使其虚化，效果如图 6-5 所示。

图6-5　绘制并虚化矩形

STEP 05　输入图 6-6 所示的文字，并设置"字体"分别为"Adobe 黑体 Std"和"方正中等线简体"，然后调整字体大小。

图6-6　输入文字

STEP 06　打开"电饭煲素材 .psd"（配套资源 :\ 素材文件 \ 第 6 章 \ 电饭煲素材 .psd）将其中的电饭煲和饭煲内胆素材拖曳图层中，并缩放到适当大小，效果如图 6-7 所示。

图6-7　添加电饭煲素材

STEP 07　选择"椭圆工具" 在电饭煲的上方绘制一个黑色的椭圆，并将其栅格化，选择"橡皮擦工具" 将椭圆的边缘擦除，使其形成淡淡的阴影效果，并将阴影图层拖曳到电饭煲图层的下方，完成后的效果如图6-8所示。

图6-8　绘制椭圆与阴影

STEP 08　选择"圆角矩形工具" 绘制一个大小为"300像素×100像素"、"半径"为"45像素"的圆角矩形，将其颜色填充

为"#6d5d50"，效果如图6-9所示。

图6-9　主图效果

STEP 09　在圆角矩形上输入文字"¥288"，并设置"字体"分别为"Century"和"华文细黑"，调整其大小。

STEP 10　在圆角矩形上方输入文字"10分钟爆卖1000台"，并其设置"字体"为"黑体"，填充颜色为"#ff6a06"，效果如图6-10所示。

图6-10　输入促销信息

STEP 11　将"电饭煲素材.psd"中的礼品素材拖曳到图层左下角。

STEP 12 选择"椭圆工具"  绘制一个"100像素×100像素"的椭圆，并设置填充颜色为"#25c501"，完成后在圆的左下方绘制一个三角形，并在圆上输入文字"领"，设置"字体"为"黑体"，调整文字的大小和位置。

STEP 13 按"Ctrl+S"组合键保存图像，效果如图6-11所示（配套资源:\效果文件\第6章\电饭煲主图.psd）。

图6-11 完成后的效果

6.2 智钻图的制作

智钻是淘宝商家非常常用的推广方式，其实质是将商家提供的商品图片在智钻广告位进行展示，消费者被吸引后点击智钻图即可进入推广页面，因此智钻图的质量直接决定了智钻推广的效果，下面将对智钻的定义和作用，以及智钻图的设计要求和制作方法进行介绍。

↘ 6.2.1 智钻的定义和作用

智钻是淘宝的一种付费的推广方式，商家付费购买智钻展位，并在广告位上展示智钻图以吸引消费者点击，从而获得流量。下面将对智钻的定义、投放的目的和策略以及投放步骤等相关知识分别进行介绍。

1. 智钻的定义

智钻是淘宝网提供的一种营销方式，是淘宝网图片类广告位竞价投放平台。智钻为商家提供了数量很多的网内优质展位，包括淘宝首页、内页频道页、画报等多个淘宝站内广告位，以及搜索引擎、视频网站、门户网等站外媒体展位。

2. 智钻投放的目的和策略

进行智钻推广之前需要对其进行全面考察和详细策划。制作智钻图时，要明确推广目的和策略，并对各种不同的推广策略进行掌握，下面将分别进行介绍。

● 单品推广。该推广适合热卖单品或是季节性单品。单品推广只是一种产品的推广，适合通过一种产品打造爆款，再通过该爆款单品带动整个店铺的销量的商家；或是适用于需要长期引流，并不断提高单品页面的转化率的商家。

● **活动店铺推广**。活动店铺推广主要适合有一定活动运营能力的成熟店铺，或是需要短时间内大量引流的店铺。此类店铺通过智钻提高店铺流量，从而提升店铺形象与人气。

● **品牌推广**。品牌推广主要用于需要明确品牌定位和品牌个性的商家，商家需要通过智钻推广在流量中打响品牌，为后期的推广增加人气。

3.　智钻投放的步骤

智钻投放需要经过以下5个步骤。

● **选择广告位**。智钻位的选择是决定推广成功的关键，一个好的广告位可以提高店铺流量和卖出量。

● **根据广告位的尺寸制作智钻图**。常见的广告位的尺寸包括520像素×280像素、170像素×200像素、640像素×200像素、750像素×90像素、310像素×230像素、200像素×200像素、940像素×310像素等。

● **创意审核通过后，制订投放计划**。投放计划可通过投放时间、地域和投放方式进行制订，其中时间、地域可根据店铺消费者的成交高峰期和地域分布来选择。投放方式一般分为尽快投放和均匀投放。尽快投放指的是合适流量预算集中投放，均匀投放指的是全天预算平滑投放，一般建议选择均匀投放。

● **根据广告位的位置进行充值**。在充值前需要确定投放的区域，即对各个板块进行定向，完成后参考各个定向上每个资源位的建议出价，从而确定智钻的投放。在投放过程中还需按照获取流量的多少进行调整，不要一次性全部投放。

● **进行智钻的投放**。完成所有准备后即可进行智钻的投放。

↘ 6.2.2　智钻图的设计要求

要想取得良好的推广效果，在设计智钻图的时候，应该满足因地制宜、主题突出、目标明确、形式美观这4个要求，下面将分别进行介绍。

● **因地制宜**。智钻展位的位置决定了图片尺寸的大小。常见的位置有天猫首页、淘宝首页、淘宝旺旺、站外门户、站外社区和无线淘宝等。不同的智钻位置所面向的人群不同，其消费特征和兴趣点也不同，因此不同位置的智钻设计点也不同。制作智钻图时要根据位置、尺寸等信息调整文案，并采取合适的表达方式来展现产品的卖点。图6-12所示为不同位置的智钻图。

图6-12　不同位置的智钻图

● **主题突出**。智钻图的主题可以是产品，也可以是创意方案，还可以是消费者需求。它的可操作性要比直通车图片更强，也更具有可选择性。因此，智钻图的主题一定要有亮点，这样才能够吸引更多消费者点击，如图6-13所示。

● **目标明确**。直通车主图更多是单品引流，其目标较单一；但智钻投放的目的可能会有很多种，如引流、参与大型活动、品牌形象宣传等。所以，在智钻图的设计与制作过程中，首先要明确自己的营销目的，再根据目的进行针对性的设计，这样点击率才更有保障，如图6-14所示。

图6-13　主题突出效果　　　　　　　图6-14　目标明确效果

● **形式美观**。形式美观的智钻图能赢得更多消费者的好感，进而实现高点击率。特别是同类产品相较量，素材相同、创意类似的情况下，智钻图的美观就成了决胜的关键。

↘ 6.2.3　制作智钻图

因为智钻图的作用是吸引点击，所以需要以创意为手段来体现商品卖点。本小节将以两种不同的水果为例，制作常见尺寸的智钻图，包括520像素×280像素和170像素×200像素两种尺寸。

1.　制作520像素×280像素智钻图

本例将制作一个以"甜"为主题的520像素×280像素智钻图，在制作时注重对色彩和主体效果的展现，通过对主色调的调整，让整体效果更加和谐；采用左右构图的方式，左侧为文字说明，右侧为猕猴桃图片展现，整体采用绿色为主色调，清新、美观，其具体操作如下。

扫一扫　实例演示

STEP 01 新建大小为"520 像素 ×280 像素"、"分辨率"为"72 像素 / 英寸"、名为"520 像素 ×280 像素智钻图"的图像文件。

STEP 02 返回图像编辑区，设置前景色为"#bbd7ca"，按"Ctrl+Delete"组合键填充前景色。

STEP 03 选择"圆角矩形工具" 绘制两个大小为"475 像素 ×210 像素"的矩形，并设置填充颜色为"#acd598"，"描边"为"#ffffff、3 像素"，然后将两个矩形错开显示，效果如图 6-15 所示。

图6-15　绘制矩形

STEP 04 打开"图层"面板，单击"创建新图层"按钮 新建图层，选择"钢笔工具" 在右侧绘制图 6-16 所示的形状，按"Ctrl+Enter"组合键将路径转换为选区，并将颜色填充为"#ffffff"，打开"图层"面板，设置"不透明度"为"30%"。

图6-16　绘制右侧形状

STEP 05 新建图层，选择"钢笔工具" 在上方绘制图 6-17 所示的形状，按"Ctrl+Enter"组合键将路径转换为选区，并将填充颜色设置为"#acd598"。

图6-17　绘制上方形状

STEP 06 新建图层，选择"钢笔工具" 在左下角绘制图 6-18 所示的形状，按"Ctrl+Enter"组合键将路径转换为选区，并将填充颜色设置为"#fff45c"。

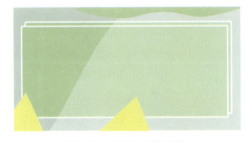

图6-18　绘制左下角形状

STEP 07 新建图层，选择"钢笔工具" 在右下角绘制图 6-19 所示的形状，按"Ctrl+Enter"组合键将路径转换为选区，并将填充颜色分别设置为"#679750""#acd598"。

STEP 08 在工具箱中选择"椭圆工具" ，在工具属性栏中设置填充颜色为"#2fc8da"，在左上角绘制正圆，并调整正圆的位置。

图6-19　绘制右下角形状

STEP 09 使用相同的方法，在图像的其他区域绘制正圆，并设置圆的填充颜色分别为"#638c0b""#fff45c""acd598"，调整圆的大小和位置，完成后的效果如图6-20所示。

图6-20　绘制正圆

STEP 10 打开"猕猴桃.psd"素材文件（配套资源:\素材文件\第6章\猕猴桃.psd），将其拖曳到图像右侧，调整大小和位置，效果如图6-21所示。

图6-21　添加猕猴桃素材

STEP 11 新建图层，并将其移动到猕猴桃图层的下方，设置前景色为"#0f0d02"，

选择"画笔工具" 在猕猴桃下方进行涂抹制作投影，效果如图6-22所示。

图6-22　制作投影效果

STEP 12 选择"横排文字工具" 在图像右侧输入文字"FRESH"，在工具属性栏中设置"字体"和"文本颜色"分别为"Broadway BT"和"#527a3f"，调整文字大小和位置，然后打开"图层"面板，设置"不透明度"为"70%"，效果如图6-23所示。

图6-23　输入文字"FRESH"

STEP 13 选择"横排文字工具" 输入文字"甜过初恋！"，在工具属性栏中设置"字体"为"汉仪小麦体简"，调整文字大小、位置和颜色，效果如图6-24所示。

STEP 14 选择"横排文字工具" 输入图6-25所示的文字，在工具属性栏中设置英文"字体"和"文本颜色"分别为"Broadway BT""#679750"，调整文字大

小和位置。再在工具属性栏中设置中文"字体"和"文本颜色"分别为"汉仪粗圆简""#ffffff"，调整文字大小和位置。

图6-24　输入文字"甜过初恋！"

图6-25　输入其他文字

STEP 15　选择"矩形工具" 绘制一个"177 像素 ×20 像素"的矩形，设置填充颜色为"#d00e1d"。

STEP 16　选择"椭圆工具" ，设置填充颜色为"#fadc23"，绘制 3 个"7 像素 × 7 像素"的正圆，调整正圆的位置。

STEP 17　按"Ctrl+S"组合键保存文件，效果如图 6-26 所示（配套资源:\ 效果文件 \ 第 6 章 \520 像素 ×280 像素智钻图 .psd）。

图6-26　完成后的效果

2.　制作170像素×200像素智钻图

170像素×200像素的智钻图版面较小，在制作时，应以展现商品为主，文字描述为辅。本例将制作170像素×200像素的猕猴桃智钻图，在制作时采用上下构图的方式，上方为说明性文字，下方为猕猴桃图片；整体采用猕猴桃中的色调为基准，不但色调统一，而且主体明确，能很好地展现促销内容，其具体操作如下。

扫一扫　实例演示

STEP 01　选择【文件】/【新建】菜单命令，打开"新建"对话框，设置"名称""宽度""高度""分辨率"分别为"170 像素 ×200 像素智钻图""160""200""300"，单击 创建 按钮，如图 6-27 所示。

图6-27　新建文档

STEP 02 打开"图层"面板，单击"创建新图层"按钮 ▫ 创建新图层，选择"钢笔工具" ✐，在左上角绘制图 6-28 所示的形状，按"Ctrl+Enter"组合键将路径转换为选区，并将填充颜色设置为"#8ec426"。

图6-28　绘制形状

STEP 03 新建图层，选择"钢笔工具" ✐，在左上角绘制图 6-29 所示的形状，按"Ctrl+Enter"组合键将路径转换为选区，并将填充颜色设置为"#f2e1b9"。

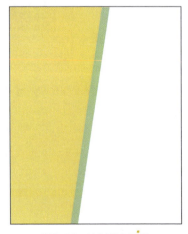

图6-29　绘制黄色形状

STEP 04 新建图层，选择"钢笔工具" ✐，在左上角绘制图 6-30 所示的形状，按"Ctrl+Enter"组合键将路径转换为选区，并将填充颜色设置为"#dc483c"。

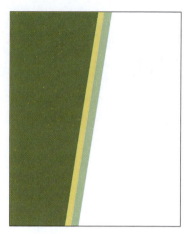

图6-30　绘制绿色形状

STEP 05 选择"自定形状工具" ✿，在工具属性栏中设置填充颜色为"#3e5807"，再在"形状"下拉列表中选择"雨滴"选项，在绿色的形状区域中绘制雨滴形状，然后调整形状位置和大小，如图 6-31 所示。

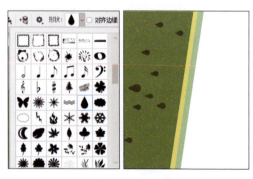

图6-31　绘制雨滴形状

STEP 06 打开"猕猴桃 .psd"素材文件（配套资源:\ 素材文件 \ 第 6 章 \ 猕猴

桃 .psd），将其拖曳到图像底部，调整大小和位置，效果如图 6-32 所示。

图6-32 添加素材

STEP 07 双击猕猴桃所在图层打开"图层样式"对话框，单击选中"投影"复选框，设置"颜色""距离""大小"分别为"#718d64""3""6"，单击 确定 按钮，如图 6-33 所示。

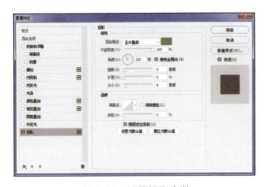

图6-33 设置投影参数

STEP 08 选择"横排文字工具" T，在图形的下方输入文字"猕猴桃"，在工具属性栏中设置"字体""字体大小""文本颜色"分别为"汉仪粗黑简""6.5点""#ffffff"，效果如图 6-34 所示。

图6-34 输入文字

STEP 09 双击"猕猴桃"图层打开"图层样式"对话框，单击选中"描边"复选框，设置"大小""位置""颜色"分别为"1""外部""#638c0b"，如图 6-35 所示。

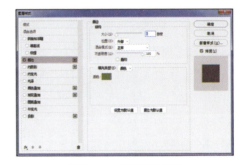

图6-35 设置描边参数

STEP 10 单击选中"渐变叠加"复选框，设置渐变颜色为"#fefefe~#fff8ac"，如图 6-36 所示。

图6-36 设置渐变叠加参数

STEP 11 单击选中"投影"复选框，设置"不透明度""距离""大小"分别为"20""2""3"，单击 确定 按钮，如图 6-37 所示。

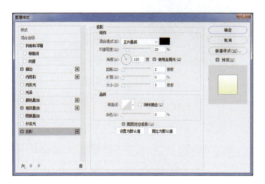

图6-37 设置投影参数

STEP 12 选择"矩形工具" □ 绘制一个"110 像素 ×17 像素"的矩形，并设置填充颜色为"#638c0b"。

STEP 13 选择"横排文字工具" T 在矩形内输入文字"绿心猕猴桃甜润美味"，在工具属性栏中设置"字体""字体大小""文本颜色"分别为"汉仪润圆""3点""#ffffff"，效果如图 6-38 所示。

图6-38 绘制矩形并添加文字

STEP 14 选择"椭圆工具" ○ ，在"猕猴桃"文字的右侧绘制一个"30 像素 ×30 像素"的正圆，并设置填充颜色为"#638c0b"。

STEP 15 在正圆内输入文字"好礼相

送"，在工具属性栏中设置"字体""字体大小""文本颜色"分别为"汉仪润圆""2.5 点""#ffea5c"，效果如图 6-39 所示。

图6-39 绘制圆形并添加文字

STEP 16 选择"矩形工具" □ 绘制一个"19 像素 ×59 像素"的矩形，取消填充并设置"描边"为"#ffea5c、0.8 点"。

STEP 17 按"Ctrl+J"组合键复制矩形，并修改描边颜色为"#638c0b"，效果如图 6-40 所示。

图6-40 绘制矩形

STEP 18 对绘制的矩形框进行栅格化处理，选择"多边形套索工具" ⊻ 将形状中的多余部分进行框选，再按"Delete"键删除多余的形状，效果如图 6-41 所示。

图6-41 删除多余形状

STEP 19 选择"椭圆工具" ⬭.在文字的下方绘制大小分别为"51 像素 ×51 像素"和"45 像素 ×45 像素"的两个正圆，并设置填充颜色分别为"#8ec426""#638c0b"，效果如图 6-42 所示。

圆内输入图 6-43 所示的文字，在工具属性栏中设置"字体""文本颜色"分别为"汉仪润圆""#ffea5c"，调整文字大小和位置。完成后按"Ctrl+S"组合键保存图片（配套资源:\ 效果文件 \ 第 6 章 \160 像素 ×200 像素智钻图 .jpg）。

图6-42 绘制两个绿色圆

STEP 20 选择"横排文字工具" T.在正

图6-43 完成后的效果

6.3 直通车推广图的制作

　　直通车也是淘宝平台的常见推广方式之一，可以为商家实现商品的精准推广。直通车推广能精准地将商品信息推送给潜在消费者，为商品和店铺带来巨大的流量，能够取得非常明显的营销效果。下面将先介绍直通车推广图的设计思路与方法，再具体讲解直通车推广图的制作方法。

↘ 6.3.1 直通车推广图的设计思路与方法

　　直通车推广图的展示位置很多，最常见的是用户搜索结果页面中带"掌柜热卖"标签的位置，如搜索结果页第1位、第2位、右侧和底部等，如图6-44所示。消费者点击直通车推广图即可进入店铺或商品详情页，由此可见直通车推广图对店铺销售成果的拉动是以吸引消费者点击为基础的，因此，能否快速打动消费者就成了直通车推广图是否成功的关键因素。

图6-44　页面右侧的直通车推广图

↘ 6.3.2　制作直通车推广图

提高直通车推广图的品质对点击量的提升有非常明显的效果。本小节将制作剃须刀的直通车图，首先制作深色的背景，对深蓝色的线条进行叠加；然后为剃须刀添加滚动的水珠，体现其防水性；最后添加促销信息对其进行说明，其具体操作如下。

扫一扫　实例演示

STEP　01　新建大小为"800 像素 ×800 像素"、"分辨率"为"72 像素 / 英寸"、名为"剃须刀单品推广直通车"的文件。新建图层，将其填充颜色设置为"#000a37"，选择"矩形工具" 绘制一个大小为"1250 像素 ×1200 像素"，填充颜色为"064073"的矩形，然后按"Ctrl+T"组合键旋转图形，再栅格化图层，最后选择"橡皮擦工具" 将矩形上面部分擦除，其效果如图 6-45 所示。

STEP　02　新建图层，选择"钢笔工具" 在其中绘制图 6-25 所示的矩形，并将其填充颜色设置为"#022652"，然后打开"图层样式"对话框设置内阴影

和投影图层样式，其中内阴影的"不透明度"为"75%"，投影的"大小"为"50 像素"。使用相同的方法在其上方绘制一个矩形，并将其填充颜色设置为"#2240c9"，最后调整角度并将两个图层关联，效果如图 6-46 所示。

图6-45　填充背景并绘制矩形

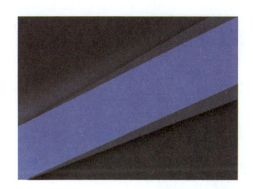

图6-46 绘制矩形并添加内阴影和投影效果

STEP 03 复制关联的两个图层，将复制图层旋转到图 6-47 所示的位置，并将复制图层放于原图层下方。

图6-47 复制关联矩形

STEP 04 绘制矩形，并将其尾部擦除，然后打开"剃须刀素材 .psd"文件（配套资源 :\ 素材文件 \ 第 6 章 \ 剃须刀素材 .psd），将其拖曳到绘制的图形中，效果如图 6-48 所示。

STEP 05 在图形中输入图 6-49 所示的文字，并设置"字体"为"方正大黑 _ GBK"，并调整字体的大小，将文字"送"和"半价"的颜色更改为"#ffff00"，并

设置数字的"字体"为"Arial"，完成文字的输入。

图6-48 绘制图形并添加素材

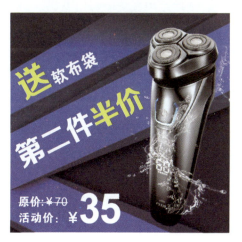

图6-49 输入文字

STEP 06 选择"活动价："图层，打开"图层样式"对话框，为其设置描边和渐变叠加图层样式；选择"¥35"图层，为其设置描边、渐变叠加和投影图层样式，完成本例的制作，效果如图 6-50 所示（配套资源 :\ 效果文件 \ 第 6 章 \ 剃须刀单品推广直通车 .psd）。

图6-50　剃须刀单品推广直通车效果图

6.4　视频的制作

　　合理地运用视频能够提高视频的推广效果，动态的视频要比静态的图片更加生动、直观，既能快速吸引消费者的目光，又能将商品的实际操作情况等信息直观地传达给消费者。下面将先对视频拍摄的基础知识进行讲解，再对网店中的视频类型、主图视频和详情页视频的制作方法进行具体的介绍。

↘ 6.4.1　视频拍摄的基础知识

　　与商品图片拍摄一样，商品视频也通常使用单反相机进行拍摄。在进行视频拍摄之前，网店美工需要先了解视频拍摄的基础知识，包括视频拍摄的流程和构图的基本原则，下面将分别进行介绍。

1.　视频拍摄的流程

　　为了保证视频的质量，提升视觉效果，最终促进商品销售，商品视频拍摄通常按照以下4个步骤来进行，分别是了解商品的特点、道具和场景的选择、视频的拍摄和后期的合成，下面将分别进行介绍。

- 了解商品的特点。拍摄淘宝视频前需要对商品有一定的认识和了解，包括该商品的特点和使用方法。只有了解商品后，才能进行模特、环境、时间的选择，以及根据商品的大小和材质确定拍摄的效果。在拍摄时，还需对商品的特色进行重点体现，帮助消费者了解商品，从而打消消费者的顾虑，激发消费者的购物欲望。
- 道具和场景的选择。在拍摄时还需对道具和场景进行选择。虽然视频拍摄的道具有很多，但道具的使用还需根据商品进行选择，如需要对商品进行解说则要选择录音设备，在室内拍摄商品则需要选择对应的灯光。

● 视频的拍摄。在一切准备就绪后，即可进行视频的拍摄，拍摄中应该注意景别和角度。其中，景别是指摄像机同被摄对象间的距离远近，常分为远景、全景、中景、近景和特写，图6-51所示为中景和特写的效果。角度则指平视角度、仰视角度和俯视角度，平视是指在同一水平线上进行拍摄，仰视则是指以仰视的角度拍摄位置较高的物体，俯视则是以俯视的角度拍摄位置较低的物体，图6-52所示为平视角度和俯视角度的效果。

图6-51 中景和特写效果

图6-52 平视角度和俯视角度效果

● 后期的合成。拍摄视频后，还需将多余的部分删除，然后将多个场景进行组合，并添加字幕、音频、转场特效等，而这些操作都需要借助视频软件进行编辑。常用的视频编辑软件有会声会影和Premiere等，但由于会声会影更容易被新手掌握，所以本节中将以会声会影为基础进行视频的制作。

2. 视频构图的基本原则

构图即通过画面布局和结构的设计来提升画面的美感，使视频更切合主题。画面视觉效果的呈现在很大程度上依赖于优秀的构图。视频构图的基本方式主要包括6点，下面将分别进行介绍。

- 主体明确。在视频中突出主体是对画面进行构图的主要目的，主体是表现主题思想的主要对象。在摄影构图时，要将主体放到醒目的位置。就视觉而言，中心位置更容易突出主体，如图6-53所示。
- 陪衬物体。在拍摄中，如果只有主体没有陪衬，将会显得呆板，但是如果陪衬物体喧宾夺主，则会显得凌乱。因此，选择好的陪衬物体尤为重要，如图6-54所示。

图6-53　主体明确　　　　　　　　　　图6-54　陪衬物体

- 环境烘托。在拍摄时，将拍摄的对象置于合适的场景中，不仅能突出主体，还能给画面增加视觉美感，如图6-55所示。
- 前景与背景的处理。前景常指主体之前的景物，而位于主体之后的为背景。前景能弥补画面的空白感，不仅能渲染主体，还能使画面更具有立体感，背景则是视频的主要组成部分，如图6-56所示。

图6-55　环境烘托　　　　　　　　　　图6-56　前景与背景的处理

● **画面简洁。**选用简单的背景，可以避免分散消费者的注意力。如果背景比较杂乱，则需先将背景模糊，以突出主体；或是选择合适的角度进行拍摄，避免杂乱的背景影响主体，从而突出主体，如图6-57所示。

● **追求形式的完美。**利用点、线、面的集合，让画面更具有美感，从而达到形与面的统一，如图6-58所示。

图6-57 画面简洁

图6-58 追求形式的完美

6.4.2 网店中的视频类型

网店中的常用视频类型主要有主图视频和详情页视频两种，下面将分别进行介绍。

● **主图视频。**主图视频主要应用在商品主图位置，用于展示商品的特点和卖点。在制作该视频时，建议时长为5~60秒，建议宽高比为16∶9、1∶1、3∶4，建议尺寸为750像素×1000像素及以上，如图6-59所示。

● **详情页视频。**该视频主要应用在商品详情页中，常用于对商品的使用方法或是产品的使用效果进行展示。在制作该视频时，其视频时长不能超过10分钟，且视频分辨率尽量为1920像素×720像素，如图6-60所示。

图6-59 主图视频

图6-60 详情页视频

↘ 6.4.3 制作主图视频

主图视频就是消费者打开商品后，第一时间出现在主图位置的主图视频。一个好的主图视频对消费者的购物习惯的影响远超文字和图片描述。本小节将对拍摄完成的女鞋视频进行处理，为其添加音频和文字，增加消费者对商品的认知度，其具体操作如下。

扫一扫　实例演示

STEP 01 启动会声会影 X9，单击"编辑"选项卡，单击"导入媒体文件"按钮🖻，如图 6-61 所示。

图6-61　单击"导入媒体文件"按钮

STEP 02 打开"浏览媒体文件"对话框，在中间列表中选择"女鞋视频 .mp4"文件，单击 **打开(O)** 按钮，如图 6-62 所示。

图6-62　添加媒体文件

STEP 03 此时，可发现右侧列表框中已经添加了选择的视频，选择该视频可发现左侧播放面板中显示播放了该视频，如图 6-63 所示。

图6-63　查看添加的素材

STEP 04 选择视频并按住鼠标左键不放，将其拖曳到时间轴中，即可对选择的视频进行编辑，如图 6-64 所示。

图6-64　添加视频到时间轴

STEP 05 将时间轴定位到开头，单击"标题"按钮🅣进入"标题"页面，在右侧列表中选择"Lorem ipsum"选项，按住鼠标左键不放并将其向下拖曳到文字时间轴左侧，即可添加文字样式，如图6-65所示。

图6-65 添加文字样式

STEP 06 双击左上角显示区的文本框，输入文字"新品时尚休闲鞋"，设置字体为"Adobe 黑体 Std R"，时间为"2 秒"，字号为"82 点"，并单击"粗体"按钮**B**，如图 6-66 所示。

图6-66 设置文字参数

STEP 07 将时间轴定位到结尾，单击"标题"按钮**T**进入"标题"页面，在右侧列表中选择"Lorem | ipsum"选项，按住

鼠标左键不放并将其向下拖曳到文字时间轴右侧，即可添加文字样式，如图 6-67所示。

图6-67 添加文字样式

STEP 08 双击左上角显示区的文本框，输入文字"End"，设置字号为"130 点"，保持其他参数不变，如图6-68所示。

图6-68 输入文字

STEP 09 使用相同的方法，将 MP3 音乐文件添加到媒体列表中，选择添加后的MP3 音乐文件，按住鼠标左键不放，将其拖曳到音乐时间轴上以添加音乐，并拖曳时间轴使音乐和视频对齐，如图 6-69所示。

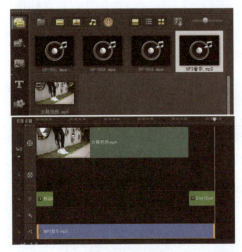

图6-69　添加音乐

STEP　10　在面板上单击 共享 按钮，打开共享界面，单击 自定义 按钮，在下面的格式中选择图 6-70 所示的视频格式，再单击 开始 按钮输出视频（配套资源:\效果文件\第 6 章\女鞋视频 .mp4）。

图6-70　保存视频

6.4.4　制作商品详情页视频

　　商品详情页视频对于说服消费者购买、提高转化率具有十分重要的作用。商品详情页视频可以直接使用拍摄的视频，也可以使用会声会影为视频添加不同的商品图片、音乐和文字，使其展现的效果更加具有说明性。本小节将通过组合视频与图片来制作商品详情页视频，在制作时先添加模特场景视频，再添加细节图片并在其中添加动画以及说明文字，其具体操作如下。

扫一扫　实例演示

STEP　01　启动会声会影 X9，选择【设置】/【项目属性】菜单命令，打开"项目属性"对话框，在"项目格式"下拉列表中选择"在线"选项，单击下方的 新建(N)... 按钮，在打开的"编辑配置文件选项"对话框中输入配置文件名称，依次单击 确定 按钮关闭对话框，如图 6-71 所示。

STEP　02　返回会声会影界面，在右上角的列表中，单击"导入媒体文件"按钮 📁 导入媒体文件，打开"浏览媒体文件"对话框，在其中选择需要制作为视频的视频和图片，单击 打开(O) 按钮将素材添加到会声会影中，并在右上角列表中显示，如图 6-72 所示。

图6-71　设置配置文件名称

图6-72　添加媒体文件

STEP 03 选择添加的视频和图片，按住鼠标左键不放，将其拖曳到时间轴中，并将视频拖曳到最前方，如图6-73所示。

图6-73　将素材拖动到时间轴中

STEP 04 选择添加的图片，将鼠标指针移动到图片的右侧，当鼠标指针呈形状时向左进行拖曳，当上面的刻度值显示为4时停止拖曳，此时播放时间为"4秒"。使用相同的方法，拖曳其他图片，并将每张图片的播放时间都设置为"4秒"，如图6-74所示。

图6-74　设置图片播放时间

STEP 05 选择视频，单击"标题"按钮在打开的"标题"素材库中选择第1排第2个标题样式，将其拖曳到标题轨上，如图6-75所示。

STEP 06 在项目时间轴中双击标题或在预览面板中双击标题，进入字幕修改的编辑状态，输入需要编辑的文字内容，如图6-76所示。

图6-75　添加标题样式

图6-76　添加文字

STEP 07 单击"转场"按钮进入"转场"页面，选择"百叶窗"选项，将其拖曳到视频和图片1的中间。使用相同的方法添加其他转场效果，如图6-77所示。

图6-77 添加转场效果

STEP 08 选择第3张商品图片，单击"标题"按钮，在打开的"标题"素材库中选择第1排第2个标题样式，将其拖曳到标题轨上，在预览面板中双击标题进入字幕修改的编辑状态，输入需要编辑的文字内容。使用相同的方法在细节上继续输入其他文字，如图6-78所示。

STEP 09 单击"图形"按钮进入"图形"页面，选择最后一个形状样式，将其拖曳到最后一张图片后以添加图形效果，如图6-79所示。

图6-78 输入其他文字

图6-79 添加图形

STEP 10 单击"标题"按钮，在打开的"标题"素材库中选择倒数第2个标题样式，将其拖曳到标题轨上，在项目时间轴中双击标题，输入需要编辑的文字内容，如图6-80所示。

图6-80 输入结尾内容

STEP 11 选择【文件】/【将媒体文件插入到时间轴】/【插入音频】/【到音乐轨】菜单命令，打开"打开音频文件"对话框，在其中选择需要的音频，单击 打开(0) 按钮，将音频素材添加到会声会影中，如图6-81所示。

图6-82 打开音频文件

图6-81 打开音频文件

STEP 12 选择添加后的MP3音乐文件，按住鼠标左键不放，将其拖曳到音乐时间轴上以添加音乐，并拖曳时间轴使音乐和视频对齐，如图6-82所示。

STEP 13 在面板上单击 共享 按钮打开共享界面，单击 自定义 按钮，在下面的格式中选择图6-83所示的视频格式，再单击 开始 按钮输出视频（配套资源:\效果文件\第6章\商品详情页视频.mp4）。

图6-83 设置视频格式

6.5 综合实训——制作主图和主图视频

↘ 6.5.1 制作棉衣主图

冬天到了，棉衣成了热销品，一个好的棉衣主图是卖出该产品的关键之一，在制作棉衣主图时应展现其卖点，即轻便保暖，并对促销活动进行简单介绍。而主图作为消费者购买的依据，它要求图片真实、清晰，其中的描述文字要突出产品的卖点和亮点，达到最大限度地吸引消费者的目的。主图中应包括产品、产品介绍、价格和卖点，完成后的效果如图6-84所示。

图6-84　棉衣主图效果

1.　设计思路

根据棉衣的卖点，可从以下几个方面进行主图的设计。

（1）为了体现棉衣的保暖性，本实训采取白雪皑皑的图片作为背景进行寒冷的体现，使其与棉衣的保暖相对应。

（2）通过简单的文字描述，如促销价、新款加厚中长款棉服、冬季必备御寒保暖等文字进行产品信息的描述。

（3）通过添加不同颜色的矩形来抓住视觉。

2.　知识要点

要想完成棉衣主图的制作，需要掌握以下知识。

（1）添加背景图片和产品素材，并使用"横排文字工具" T.添加文字。

（2）对文字进行简单设置，并使用"矩形工具" █绘制矩形，为矩形填充颜色，设置其不透明度，并对矩形进行叠加处理。

扫一扫　实例演示

3.　操作步骤

下面将制作棉衣主图，其具体操作如下。

STEP 01　新建大小为"800 像素 ×800 像素"、"分辨率"为"72 像素／英寸"、名为"棉衣主图"的文件，打开"大雪背景 .jpg""棉衣产品图 .psd"素材文件（配套资源 :\ 素材文件 \ 第 6 章 \ 大雪背景 .jpg、棉衣产品图 .psd），将大雪背景拖曳到新建的文件中作为背景，并将棉衣产品图中的棉衣素材拖曳到背景图层左侧，打开"图层样式"面板，设置投影的"不透明度"为"60%"，并设置"大小"为"10 像素"，其效果如图 6-85 所示。

图6-85 添加素材并设置投影

STEP 02 选择"横排文字工具" **T**,输入文字"促销价 790 元",并设置"字体"为"黑体",调整字体大小,选择文字"790",设置文字颜色为"#877037",打开"图层样式"对话框,设置描边的"不透明度"为"60%","大小"为"1 像素",单击选中"投影"复选框,设置"大小"为"5 像素",单击 确定 按钮,完成后的效果如图 6-86 所示。

图6-86 输入促销文字

STEP 03 选择"横排文字工具" **T**,输入文字"新款加厚中长款棉服"和"冬季必备御寒保暖",设置"字体"为"黑体",

然后调整字体大小,在"新款加厚中长款棉服"下方绘制矩形,并填充颜色为黑色,并将字体颜色设置为白色。在文字下方绘制一个"300 像素 ×200 像素"的矩形,并设置填充颜色为"#a89b7c","不透明度"为"40%",完成后在其上绘制一个"280 像素 ×170 像素"的矩形,并设置填充颜色为"#877037",效果如图 6-87 所示。

图6-87 输入文字并绘制矩形

STEP 04 在矩形中输入文字"双 11 促销季"和"全场包邮",并将"双 11 促销季"加粗显示,调整文字的大小,完成后的效果如图 6-88 所示(配套资源 :\ 效果文件 \ 第 6 章 \ 棉衣主图 .psd)。

图6-88 棉衣主图效果

↘ 6.5.2　制作果蔬面粉主图视频

本节将制作果蔬面粉的主图视频，在制作时要将面粉的使用场景和制作氛围体现出来，并通过文字介绍以体现面粉的卖点，然后添加音乐，增加消费者的浏览乐趣。

1.　设计思路

根据主图视频的制作方法，对果蔬面粉的视频进行制作，可从以下几个方面进行制作。

（1）展现面粉整体效果。面粉的整体效果可通过倒面粉、面粉颜色展示进行展现，并通过文字介绍对面粉的颜色进行说明。

（2）展现面粉的加工方式，通过文字说明交代面粉的原料。

（3）添加结束语对店铺和面粉进行总结。

2.　知识要点

要想完成本主图视频的制作，需要掌握以下知识。

（1）掌握转场动画的使用方法，使动画与动画间的结合更加自然。

（2）对文字进行调整，使视频更具有说明性。

（3）添加音乐，增加主图的趣味。

扫一扫　实例演示

3.　操作步骤

下面将制作果蔬面粉主图视频，其具体操作如下。

STEP 01 启动会声会影 X9，单击"编辑"选项卡，单击"导入媒体文件"按钮，如图 6-89 所示。

图6-89　单击"导入媒体文件"按钮

STEP 02 打开"浏览媒体文件"对话框，在中间列表中选择"1.mp4""2.mp4""3.

mp4""4.mp4""5.mp4"素材文件（配套资源:\ 素材文件 \ 第 6 章 \ 果蔬面粉 \ 1.mp4、2.mp4、3.mp4、4.mp4、5.mp4），单击 打开(O) 按钮，如图 6-90 所示。

图6-90　添加媒体文件

STEP 03 此时可发现右侧列表框中已经添加了选择的视频，选择视频可发现左侧播放面板中显示播放了该视频，如图6-91所示。

为"113点"，如图6-94所示。

图6-91 查看添加的素材

STEP 04 选择所有视频，按住鼠标左键不放并将其拖曳到时间轴中，对选择的视频进行编辑，再按照顺序编码进行排列，如图6-92所示。

图6-93 添加文字样式

图6-92 添加视频到时间轴

STEP 05 将时间轴定位到开头，单击"标题"按钮进入"标题"页面，在右侧列表中选择第2个标题样式，按住鼠标左键不放，将其向下拖曳到文字时间轴中以添加文字样式，如图6-93所示。

STEP 06 双击左上角显示区的文本框，输入文字"新品上新果蔬面粉"，设置字体为"黑体－简"，时间为"3秒"，字号

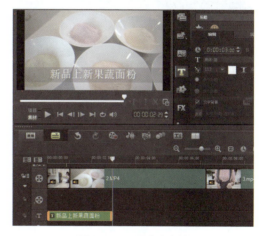

图6-94 设置文字参数

STEP 07 单击"转场"按钮进入"转场"页面，选择"百叶窗"选项，将其拖曳到第2个视频和第3个视频的中间。使用相同的方法添加其他转场效果，如图6-95所示。

STEP 08 使用与前面相同的方法，将MP3音乐文件添加到媒体列表中，选择添加后的MP3音乐文件，按住鼠标左键不放，将其拖曳到音乐时间轴上以添加音乐，并拖曳时间轴使音乐和视频对齐，

如图 6-96 所示。

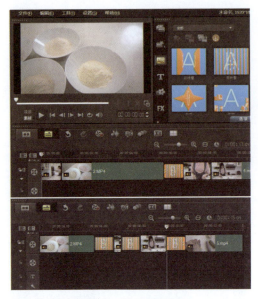

图6-95　添加转场动画

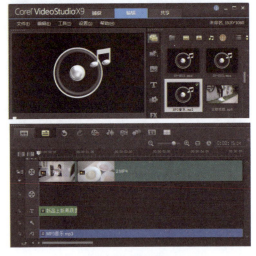

图6-96　添加音乐

STEP 09　单击"图形"按钮进入"图形"页面，在下拉列表中选择"Flash 动画"选项，选择第 2 种样式，并将其拖曳到结尾区域，如图 6-97 所示。

图6-97　添加图形

STEP 10　单击"标题"按钮，在打开的"标题"素材库中选择倒数第 7 种标题样式，将其拖曳到标题轨上，在项目时间轴中双击标题，再输入需要编辑的文字内容，如图 6-98 所示。

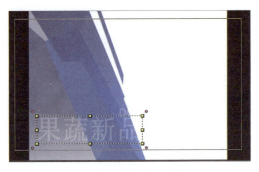

图6-98　输入结尾内容

STEP 11　在面板上单击 按钮打开共享界面，单击 按钮，在下面的格式中选择图 6-99 所示的视频格式，再单击 按钮输出视频（配套资源:\ 效果文件 \ 第 6 章 \ 果蔬面粉主图视频 .mp4 ）。

图6-99　选择视频格式

6.6　疑难解答

网店美工人员在进行创意装修时，往往还会遇到一些困惑，如找不到消费者痛点、无法掌握商品的卖出情况等。这些问题虽然看起来和店铺装修没有关系，但其实在一定程度上会影响创意装修的策略、限制装修的思路，下面将对这些问题进行解答。

1.　如何了解消费者最在意的问题？

可以对商品的评价进行浏览，在消费者评价中可以查找到很多有价值的信息，如了解消费者的需求和购买后遇到的问题等。从这些问题中找出商品的不足，从而有针对性地对解决这些问题。

2.　如何对淘宝产品的卖出情况进行调查？

通过淘宝指数可以清楚地查看消费者的大致喜好以及消费能力、分布地域等信息。另外，还可以通过生e经等付费软件对商品信息进行调查，这些软件一般都有一些分析功能，通过这些功能也可以掌握一些基本情况。

3.　视频拍摄的技巧有哪些？

对新手而言，拍摄视频时总是抓不住重点，导致拍摄的视频没有亮点，下面将讲解一些视频拍摄的技巧，运用这些技巧拍摄的视频将更有吸引力。

- 拍摄视频前先观察环境。在进行视频拍摄前，先对周围环境进行观察，考虑清楚哪些镜头可以作为现有的环境景色。
- 多个角度进行拍摄。对同一商品进行不同角度的拍摄，有利于后期制作和商品全方位的展示。

- 利用镜头的表现力。为了烘托所拍视频的气氛，要重点利用镜头的表现力。
- 围绕主体拍摄。视频要围绕拍摄的主体或中心事物进行拍摄。
- 细节的刻画。细节的刻画对衡量一个视频的质量有着举足轻重的作用。优秀的创作者会进行全方位的观察，利用镜头捕捉并刻画微妙的细节。

6.7　课后习题

（1）本习题中的制作主题主要是体现播放器的品质，在制作时先使用"钢笔工具" 绘制形状并填充为对应的颜色，然后添加素材（配套资源:\素材文件\第6章\练习1），并在形状中输入对应的文字，完成后的效果如图6-100所示（配套资源:\效果文件\第6章\练习1）。

（2）本习题为制作智钻图中的首焦图，制作时首先要填充背景，并添加素材（配套资源:\素材文件\第6章\练习2），然后添加文本并美化文本，完成后的效果如图6-101所示（配套资源:\效果文件\第6章\练习2）。

图6-100　主图效果

图6-101　首焦图的效果

第 **7** 章

图片的切片与管理

　　网店美工制作的首页或详情页图片通常都是一张完整的图片，但在实际应用中，往往需要将其按照不同板块的要求进行切割再上传。在这时，网店美工就需要运用Photoshop中的切片工具将完整的图片切割成需要的大小，并通过图片空间对其进行上传和管理，在需要使用图片的时候就可以直接在图片空间中调取。本章将对Photoshop的切片工具和图片空间的运用进行具体讲解。

学习目标

- 掌握切片工具的使用方法
- 了解素材中心的作用与使用方法

7.1 图片的切片与优化

首页和商品详情页通常是网店美工使用Photoshop一次性制作完成的，这样做的好处是能保证页面风格统一、整体效果较好，但是这样制作的图片往往尺寸过大，无法直接上传并使用，所以需要将其切割成符合平台要求的大小，并通过自定义模块用于店铺装修。下面将对网店图片的切片方法和图片的优化保存方法分别进行介绍。

↘ 7.1.1 图片的切片

Photoshop的切片工具可以将一张图片切割成若干张不同的小图，并将这些小图进行单独展示。本小节将对一张首页图进行切片处理，并在切片处理过程中讲解不同尺寸的切片方法，以及切片后将切片的图片进行命名的方法，其具体操作如下。

扫一扫　实例演示

STEP 01 打开"茶叶首页.psd"素材文件（配套资源:\素材文件\第7章\茶叶首页.jpg）。选择"切片工具" ，单击店招左上角，按住鼠标左键不放并沿着参考线拖曳鼠标指针到右侧的目标位置后释放鼠标左键，切片后将显示黄色线框，如图7-1所示。

要修改切片的一边的中点上，当鼠标指针变为 ↔ 形状后，按住鼠标左键不放进行拖曳，当拖曳到适当的位置后释放鼠标左键即可，如图7-2所示。由于店招等具有固定长度，所以需要注意切片框的准确性。

图7-1　对店招进行切片

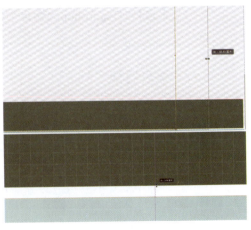

图7-2　对店招切片进行调整

STEP 02 确定切片后，若切片的区域不是想要的区域，可将鼠标指针移动到需

STEP 03 在切片的区域中单击鼠标右键，在弹出的快捷菜单中选择"编辑切片选

mr合

项"命令打开"切片选项"对话框，其中"名称"文本框可设置切片名称，输入文字"茶叶首页_店招"，在"尺寸"栏中可查看切片的尺寸，单击 确定 按钮，如图7-3所示。

STEP 04 对下方的海报进行切片，切片完成后调整切片的位置，并将其"名称"命名为"茶叶首页_海报"，效果如图7-4所示。需注意，切片时应尽可能保持图片的完整性，完全呈现图片的状况。

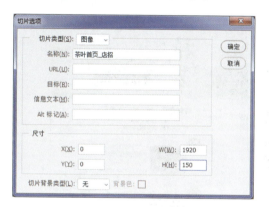

图7-3 设置切片名称

图7-4 对海报进行切片

STEP 05 选择"切片工具"沿着参考线对下方海报进行切片。然后继续选择"切片工具"沿着参考线为优惠券进行切片，效果如图7-5所示。

图7-5 继续进行切片

STEP 06 在宝贝展示栏上单击鼠标右键，在弹出的快捷菜单中选择"划分切片"命令打开"划分切片"对话框，单击选中"水平划分为"复选框，并在其下方的文本框中输入"3"，单击 确定 按钮即可将切片的区域平均切为3份，如图7-6所示。

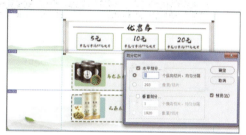

图7-6 划分切片

STEP 07 选择"切片选择工具"在工具栏中单击 隐藏自动切片 按钮，隐藏自动切片的显示，此时图片中只显示了蓝色的切片线。查看切片是否对齐，若没对齐，拖动切片边框线进行对齐，完成后的效果如图7-7所示。

图7-7　调整切片

章 \images\ ）。

STEP 08 使用相同的方法对下方的其他图片进行切片，完成后对未命名的切片图像进行命名，完成后的效果如图7-8所示（配套资源 :\ 效果文件 \ 第7

经验之谈：对于比较规则的图片进行切片时，可创建参考线，然后直接单击 `基于参考线的切片` 按钮即可进行快速切片；在切片时若背景颜色为纯色，可不对背景进行切片，若带有花纹，可对单个花纹进行切片，再平铺花纹以在装修中显示。

新手练兵：对前面学习的详情页进行切片，要求切片的图片顺序完整，并且基于参考线进行切片，最后查看切片效果。

图7-8　完成切片后的效果

7.1.2　切片的优化和保存

在完成切片后，还需对切片后的图片的颜色、大小、动画等方面进行优化，优化完成后再保存为对应的格式。在切片中常见的格式包括仅限图像、HTML和图像、HTML等，因为输出的对象不同，所以保存的格式也不相同，其具体操作如下。

扫一扫　实例演示

STEP 01 打开"茶叶首页切片后的素材.psd"素材（配套资源:\ 素材文件\第7章\茶叶首页.jpg），选择【文件】/【导出】/【储存为Web所用格式（旧版）】菜单命令，打开"储存为Web所用格式（100%）"对话框，在其中显示准备优化的图像效果，单击"双联"选项卡，使"原稿"和"GIF"效果对比显示，并在左侧单击按钮，拖曳图像调整显示的位置，如图7-9所示。

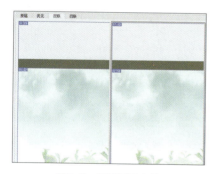

图7-9　双联显示文件

STEP 02 在"预设"栏右侧，单击按钮，在打开的下拉列表中选择"优化文件大小"选项打开"优化文件大小"对话框，在"所需文件大小"栏右侧的文本框中输入"72"，单击选中"自动选择GIF/JPEG"单选项，单击确定按钮，如图7-10所示。

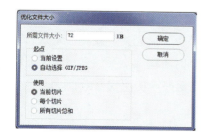

图7-10　设置优化文件大小

STEP 03 返回"储存为Web所用格式（100%）"对话框，在"预设"栏下方的"优化的文件格式"下拉列表中选择优化格式为"GIF"选项，并设置"减低颜色深度算法"为"随样性"，"颜色"为"256"。然后设置"指定仿色算法"为"扩散"，"仿色"为"80%"，单击选中"透明度"和"交错"复选框，如图7-11所示。

图7-11　设置优化样式

STEP 04 在下方的"颜色表"中选择需要添加的颜色，这里选择红色，并在下方的"品质"栏中选择品质为"两次立方（较锐利）"选项，如图7-12所示。完成后单击预览按钮即可预览网页显示效果。

图7-12　设置优化颜色

STEP 05 单击存储按钮打开"将优化结果存储为"对话框，选择文件的存储位置，并在"格式"下拉列表中选择"HTML 和图像"选项，单击 保存(S) 按钮，如图 7-13 所示。

图7-13 存储文件

STEP 06 在保存的路径文件中选择"images"文件夹，在其中可查看切片的文件，以及"茶叶首页 .html"网页（配套资源:\ 效果文件 \ 第 7 章 \images、茶叶首页 .html）。

STEP 07 双击"茶叶首页 .html"网页，在打开的页面中可查看切片图的布局样式，在其中单击鼠标右键，在弹出的快捷菜单中选择"查看源文件"命令，即可查看首页的代码，该代码可用于店铺的装修，如图 7-14 所示。

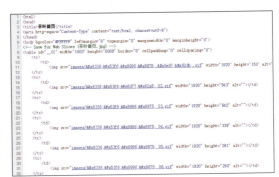

图7-14 查看切片后的效果

经验之谈： 对图片进行切片或优化后，保存格式不同，图片大小也会不同，一般保存图片格式为 JPG 格式和 GIF 格式；其中 JPG 格式常用于色彩丰富的实物照片，保存为 JPG 格式的图片，可以达到品质高、图像小的效果；而 GIF 则用于保存色彩数少于 256 种颜色的图片。

7.2 素材中心

　　素材中心是淘宝商家的线上储存空间，可以储存普通图片、视频、音乐和动图，商家一般先将相关资料上传到素材中心，装修店铺时再调取需要的素材。下面将对素材中心的相关知识进行具体介绍，以帮助网店美工更好地使用素材中心。

7.2.1 素材中心概述

　　素材中心中不仅包括了商家的各种素材，还有各种风格模块样式，可以为店铺装修工作提供多方面的支持，网店美工应该熟练掌握素材中心的使用方法。下面对素材中心的基础知识进行介绍，包括素材中心的进入方法、素材中心的容量提升、素材中心的优势。

1.　素材中心的进入方法

登录淘宝网，进入千牛卖家工作平台页面，单击页面左侧"店铺管理"栏下方的"图片空间"超链接可进入素材中心，如图7-15所示。将素材上传到素材中心后，网店美工在进行店铺装修时，就可以通过"添加图片-上传图片"操作选用素材中心里的图片进行店铺装修。除此之外，网店美工还可通过"选择图片"界面左下角的"进入图片管理"超链接进入素材中心。

图7-15　使用千牛卖家工作平台进入素材中心

2.　素材中心的容量提升

素材中心的容量是有限的，目前，平台按照店铺的等级给予商家不同大小的免费容量。钻石及以下商家的免费容量为1GB，皇冠级商家为4GB，红冠级商家为30GB。但是店铺等级的提升是一个缓慢的过程，要是素材中心的容量不够用，商家也可以在淘宝服务平台通过付费购买的方式来扩大素材中心的容量，其价格为4.5元/（GB·a），可以选择的容量有1GB、5GB、10GB及自定义容量，其中自定义容量的最小值为1，除1以外必须是偶数（不能是小数，如1.5等；也不能是奇数，如3等）。

3.　素材中心的优势

素材空间相比于其他网络数据储存器有其独特的优势，其中的素材不但能直接复制链接，还能在装修过程中快速进行图片的查找。下面对素材中心的各种优势分别进行介绍。

- 安全稳定。素材中心是淘宝官方产品，采用CDN存储，存储的数据不但安全，而且稳定。
- 管理方便。素材中心能对上传的素材进行分类，并且新增的功能能够更好地让图片展现到空间中，便于查找与管理。当服务器过期后，还能正常使用，这样不仅能提高速度，还能避免重复上传图片的麻烦。
- 浏览快速。在素材中心浏览图片，就像是在电脑中查看桌面文件一样。应用素材中心中的图片可以加快页面打开的速度，这样不仅提高了消费者的浏览量，还促进了销售。

↘ 7.2.2 素材中心的功能

素材中心对于图片、视频、音频和动图素材的功能和完成功能的操作大同小异，这里以图片为例来介绍素材中心中的上传、替换、删除与还原、复制与移动等功能。

1. 将图片上传到素材中心

在装修店铺时，所有的图片都需要通过模块来展示，而模块中对应的图片都需要先上传到素材中心，再插入模块中。因此，上传图片是店铺装修的前提，下面对上传图片的方法进行具体介绍。

首先进入素材中心页面，单击右上角的 上传 按钮，即可打开"上传图片"对话框，如图7-16所示。由"上传图片"对话框可知，上传图片有两种方式，一种是拖曳上传，另一种是单击上传，下面分别进行介绍。

图7-16　图片上传界面

- 拖曳上传。拖曳上传只需要将需要上传的图片文件或者文件夹直接用鼠标拖曳到页面中即可。
- 单击上传。单击"上传图片"界面上的"上传"超链接，如图7-17所示，即可打开"打开"对话框,在"打开"对话框中选择想要上传的图片文件,然后单击 打开(Q) 按钮即可完成上传。

完成上传后,会打开图7-18所示的对话框,单击 添加更多图片 按钮即可继续进行上传图片,单击 确定 按钮即可完成上传。

图7-17　点击上传

图7-18　上传成功

经验之谈: 在使用通用格式上传图片时,单张图片大于 3MB 时可以选择强制压缩,并且上传的图片格式仅支持 JPG、JPEG、PNG、GIF、BMP 格式,一次上传时不限张数。

2. 素材中心的替换功能

将图片上传到素材中心后,还可以对图片进行替换,替换后的图片不仅图片名称和替换前一致,而且会对店铺中所有使用过原图片的位置都进行同步自动替换,极大地节约了批量更改的时间。

如要进行替换图片操作,只需要进入素材中心,在图片列表中选中需要替换的图片,单击"替换"按钮;此时会打开"打开"窗口,在"打开"窗口中选择需要的图片,单击"打开"按钮之后会打开一个对话框,上面有替换前后图片的缩略图,单击"确定"按钮即可完成替换,如图7-19所示。

图7-19　替换图片

3. 永久删除或还原素材中心中删除的图片

扫一扫　实例演示

在计算机中，有回收站这一功能，被删除的数据会先放在回收站，在回收站中可以对这些数据进行彻底删除或者还原。在素材中心中，也有类似的设计，在图片列表中被执行删除的图片会被放入图片回收站，7天内未进行还原操作，则会被彻底删除。图片回收站中的图片不计储存空间，在图片回收站内可对图片进行彻底删除和还原操作。下面对清除图片的方法和恢复图片的方法分别进行介绍，其具体操作如下。

STEP 01 进入"素材中心"页面，在下方的图片列表中，将鼠标指针移到想要删除的图片上，图片会变成图7-20所示的效果。

图7-20　选择删除的图片

STEP 02 此时，再单击图中的 🗑 按钮就会打开图7-21所示的对话框，单击"确定"按钮即可完成删除操作。

STEP 03 如果需要批量删除，则需依次单击勾选需要删除的图片，然后单击页面左上方的"删除"按钮，在打开的下拉列表中选择"强制删除文件及文件夹"，如图7-22所示。在打开的对话框中单击

"确定"按钮即可。

图7-21　确认图片是否删除

图7-22　批量删除

STEP 04 如果需要还原或彻底删除被删除的图片，则需要先进入"素材中心"页面，然后单击左下角的"图片回收站"按钮，如图7-23所示。

图7-23　进入图片回收站

删除"按钮即可完成对应操作,如图7-24所示。

图7-24　还原或彻底删除图片

STEP 05　进入图片回收站后,可发现图片信息以横向列表方式呈现,单击图片信息"操作"栏下的"还原"或"彻底

4. 复制与移动素材中心中的图片

将很多图片上传到素材中心后,网店美工往往还需要对图片进行整理,其中最基本的就是将图片复制并移动到对应的文件夹中,这样在后期的装修时,网店美工就能很便捷地选择图片进行嵌入,提高装修工作的效率。下面将对复制图片和移动图片的方法分别进行介绍。

（1）复制图片

进入"素材中心"页面,在下方的图片列表中,将鼠标指针移动到想要进行操作的图片上后,图片会变成图7-20所示的效果,这时可见图片的下部有4个按钮,除了已经讲过的"删除"按钮 外,其他都与复制有关,包括"复制图片"按钮 ,"复制链接"按钮 和"复制代码"按钮 。图片复制又可分为单张图片复制和图片批量复制两种方式,下面将分别进行介绍。

● 单张图片复制。单击"复制图片"按钮,即可完成对图片的复制。

● 图片批量复制。如需对图片进行批量复制,则需依次单击勾选需要复制的图片,然后单击页面左上部的 按钮,此时会打开图7-25所示的"复制"对话框。在"复制"页面的左侧,可以通过拖曳图片的缩略图来改变图片的次序,在右侧则可以选择相邻两张图片间的间距,单击相应的按钮即可完成复制链接、复制代码和复制图片的操作,最后单击"确定"按钮即可。

图7-25　批量复制图片

（2）　移动图片

如果需要移动图片，则需单击勾选需要移动的图片，然后单击页面左上部的"移动到"按钮，此时会打开图7-26所示的对话框。然后选择图片移动的路径，并单击 确定 按钮即可完成移动图片的操作。

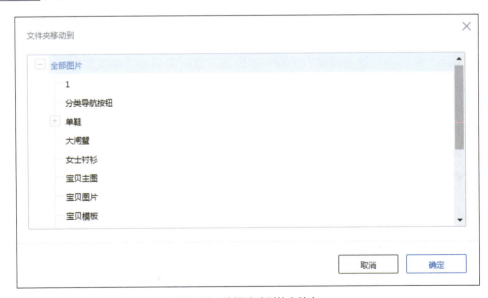

图7-26　选择移动到的文件夹

↘ 7.2.3　素材中心的管理

　　在素材中心中，上传的图片会按照先文件夹后图片的方式进行排列，这样的排序方式会使整体图片展示显得杂乱无章，不利于网店美工快速找到需要的图片，从而会影响其工作效率。此时网店美工就可以对素材中心的图片进行管理，使其按照一定的顺序排列，方便网店美工的工作，下面对图片显示方式和图片授权等内容分别进行介绍。

1.　图片显示方式

　　素材中心有两种显示图片的方式，一种是图标式，另一种是横向列表式。二者各有所长，图标式显示更加直观，图片也较横向列表式更大；而横向列表式能够显示图片的详细信息。下面就对这两种显示方式分别进行介绍。

- ● 图标式。图标式与横向列表式相比，其显示效果更加直观，常用于制作店铺模板时使用。其使用方法为：打开"素材中心"页面，单击左上角的 ⊞ 按钮即可将显示模式切换成图标式，如图7-27所示。

图7-27　图标式显示

- ● 横向列表式。横向列表式的图片将逐列对图片进行排序。横向列表式更加容易查看图片的类型、尺寸、大小和上传日期等详细信息，常用于删除图片或是图片转移。其使用方法为：打开"素材中心"页面，单击左上角的 ▤ 按钮即可将显示模式切换成横向列表式，如图7-28所示。

颜色展示图_01.jpg	6.78kB	151x112	2016-10-27 18:36	正常	未引用
颜色展示图_01.jpg	24.81kB	130x96	2016-10-27 18:38	正常	未引用
颜色展示图_01.jpg	29.96kB	245x165	2016-10-27 18:39	正常	未引用
闲置考卷.jpg	68.89kB	750x997	2014-4-24 19:01	正常	未引用
通栏算机源程_03.jpg	2.03kB	485x150	2017-11-3 16:27	正常	未引用

图7-28　横向列表式显示

除了这两种显示方式以外，在素材中心中还可以单击"素材中心"页面左上方的 ⊟ 按钮，在打开的下拉菜单中选择按照"文件名"和"上传时间"的升序或降序方式来对图片进行排序。

2. 图片的授权

素材中心里的图片，默认只能由自己的店铺使用。如果有的商家同时经营了几个店铺，在不同的地方都需要使用同样的图片，那么将图片一一上传到各个店铺的素材中心再进行装修就会很麻烦，这时就可以使用素材中心的"授权店铺管理"功能来将图片分享给其他店铺。

要进行图片授权，需要先进入"素材中心"页面，然后单击上方的"更多设置"按钮 ⚙更多设置 ，在打开的下拉菜单中单击"授权店铺管理"选项，将会打开图7-29所示的对话框，在文本框中输入需要被授权店铺的名称，单击 添加 按钮，再单击 确定 按钮即可。如需撤销授权，则在该对话框的"已授权店铺管理"中进行操作。

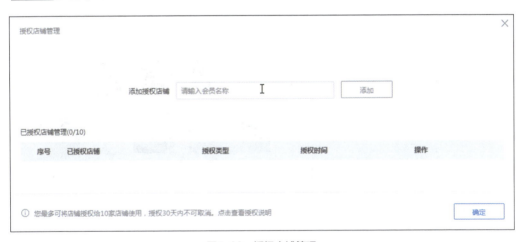

图7-29　授权店铺管理

7.3 综合实训——切片商品展示图并上传到素材中心

在首页的制作过程中，商品展示图是在有限的空间中制作多个相同大小、不同产品的模块，而若要逐个进行剪切会比较麻烦，此时可通过切片先将描述部分进行切片，再逐个对产品进行切片，并使用对齐工具对切片进行对齐，以避免出现不连贯的现象，如图7-30所示。完成后在素材中心中新建文件夹，并将切的图片上传到素材中心中。

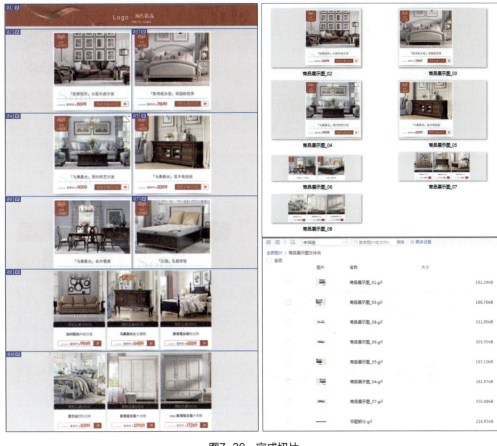

图7-30　完成切片

1.　设计思路

根据切片和上传图片的方法，可从以下3个方面进行学习。

（1）商品展示图主要包括文头部分和图片部分，文头部分主要是表现图片的内容，需要先对其切片，然后再对图片部分进行切片。

（2）保存切片时，注意将其保存为"HTML和图像"格式，使代码和图片结合，方便上传到素材中心。

（3）在素材中心中需要先新建文档，将切片的文档上传到其中，并使用列表排序的方法进行显示，让图片的信息展现到网页中。

2.　知识要点

在切片和上传图片过程中，需要掌握以下知识。

（1）使用"切片工具"将图片和文字进行切片，在切片时注意切片的准确性，要求线与线对齐。

（2）掌握将切片保存为"HTML和图像"格式的方法以及上传图片的方法，使切片的图片在素材中心中显示。

3. 操作步骤

下面对切片和上传图片的方法进行讲解，其具体操作如下。

STEP 01 打开"商品展示图.jpg"素材文件（配套资源:\素材文件\第7章\商品展示图.jpg）。选择"切片工具" 单击商品展示图的左上角，并沿着参考线按住鼠标左键不放进行拖曳，从而确定切片的区域范围，这里对标题部分进行切片，如图7-31所示。

图7-31　对商品展示图进行切片

STEP 02 在切片的区域中单击鼠标右键，在弹出的快捷菜单中选择"编辑切片选项"命令打开"切片选项"对话框，在其"名称"文本框中输入切片名称，这里输入文字"标题部分"，单击 确定 按钮，如图7-32所示。

图7-32　编辑切片名称

STEP 03 对下方的图片进行切片，切片完成后调整切片的位置，效果如图7-33所示。使用相同的方法沿着参考线对其他图片进行切片。

图7-33　切片下方图片

STEP 04 选择"切片选择工具" ，选择第2个切片，单击鼠标右键，在弹出的快捷菜单中选择"划分切片"命令，打开"划分切片"对话框，单击选中"垂直划分"复选框，并在其下方的文本框中输入"2"，单击 确定 按钮即可将切片的区域平均划分为两份，如图7-34所示。使用相同的方法对下方的商品图片进行划分，便于后期使用。

STEP 05 选择【文件】/【导出】/【储存为Web所用格式（旧版）】菜单命令，打开"储存为Web所用格式（100%）"对话框，单击 存储... 按钮打开"将优化结果存储为"对话框,选择文件的储存位置,并在"格式"下拉列表中选择"HTML 和图像"选项,单击 保存(S) 按钮,如图 7-35 所示(配套资源:\ 效果文件 \ 第 7 章 \images)。

图7-34 切片图片

图7-35 保存切片后的图片

STEP 06 进入"素材中心"页面,单击 新建文件夹 按钮打开"新建文件夹"对话框,在下方的文本框中输入文字"商品展示图文件夹",单击 确定 按钮,如图 7-36 所示。

图7-36 在素材中心中新建文件夹

STEP 07 选择"商品展示图文件夹"文件夹,单击 上传 按钮打开"上传图片"对话框,在通用栏中单击"上传"超链接,打开"打开"对话框,在其中选择上传的图片,并单击 打开(O) 按钮,如图 7-37 所示。

图7-37 上传图片

STEP 08 完成上传后,返回"素材中心"页面,在"图片管理"选项卡中单击"横向列表式"按钮,即可将空间中的图片以列表的形式显示,方便查找图片信息,如图 7-38 所示。

图7-38 列表显示上传的图片

7.4 疑难解答

在将图片切片与管理的知识进行具体实践时，网店美工往往还会存在一些困惑和误区，下面就针对这些问题进行解答。

1. 切片技巧有哪些？

进行图片切片时，为了保证切片合理、位置精确，需要掌握如下技巧。

- 依靠参考线。从标尺上拖动出参考线，为图像创建切片的辅助线，在切片时可沿着该辅助线拖动鼠标指针创建切片。
- 切片位置。切片时不能将一个完整的图像区域断开，应按完整图片切割，避免图片在网速很慢时被断开，不能完整地呈现出来。
- 切片储存的颜色。在储存切片时，需要保存为Web所用格式。由于Web格式是放到网页上用的网页安全色，而网页安全色是各种浏览器、各种设备都可以无损失、无偏差输出的色彩集合。因此，在店铺的配色上尽量使用网页安全色，避免消费者看到的效果与设计的效果不符。
- 切片储存的格式。在储存切片时，可单独为各个切片设置储存格式，切片储存的格式不同，其大小与效果也会有所不同。一般情况下，色彩丰富、图像较大的切片，选择JPG格式；尺寸较小、色彩单一和背景透明的切片，选择GIF或PNG-8格式；半透明、不规则以及圆角的切片，选择PNG-24格式。

2. 上传图片提示"你不能使用他人图片空间中的图片"该怎么办？

若是在发布商品时出现该提示，可能是因为以下3种情况：①若是分销平台用户从供应商处下载的商品图片，该图片没有进行编辑直接进行发布，即会出现该提示，此时可将这些图片下载到本地计算机中再重新发布；②若是本地计算机的图片仍然出现该提示，需要查看图片空间是否到期，若是到期则需要先续费再发布；③若以上两种情况都不是，则可能是浏览器的问题，可使用IE浏览器重新进行发布。

7.5 课后习题

（1）打开"休闲鞋.psd"素材文件（配套资源:\素材文件\第7章\课后习题\休闲鞋.psd）将其中的图片分别进行切片，查看切片后的效果，并保存为"HTML和图像"格式（配套资源:\效果文件\第7章\课后习题\休闲鞋）。

（2）在素材中心中新建文件夹，并将文件夹命名为"休闲鞋首页"，完成后将图片上传到该文件夹，查看上传图片的图片信息，并对图片进行排序，完成后将该图片授权给其他店铺使用。

第 **8** 章

装修店铺

网上的店铺数不胜数，其销售的商品也千差万别，但仔细分析可以发现：就算是相同的商品，其对应的店铺有些让人记忆犹新、流连忘返，有些店铺却让人毫无印象，导致无人问津。为什么相同的商品却有这么大的差异呢？很大一部分原因是店铺的装修。美观、新颖的店铺装修效果往往可以更容易吸引消费者的注意，也会给消费者留下良好的"第一印象"，从而增加消费者对商品的信任并促进商品的销售。本章将对店铺装修的基本设置进行介绍，包括模板的管理、模块的设置、使用模块装修店铺等，它们是进行店铺页面装修的前提，网店美工需要熟悉并掌握它们的使用方法。

学习目标

- 掌握模板的管理方法
- 掌握模块的设置方法
- 掌握使用模板进行首页装修的方法
- 掌握使用模板进行商品详情页装修的方法

8.1 模板的管理

模板是指预设的符合店铺装修要求的样式，其便捷和简单的特性能大大降低店铺装修工作的难度，从而提高网店美工的工作效率，是网店美工在店铺装修工作中最常使用的工具之一。下面将对模板的变换、模板的备份与还原等知识进行介绍。

8.1.1 模板的变换

淘宝平台准备了3套PC端和两套手机端模板供商家永久免费使用。下面就以基础模板为例，讲解选择模板以及变换模板颜色的方法，其具体操作如下。

扫一扫　实例演示

STEP 01 登录淘宝官网，进入"千牛卖家工作台"页面，在其左侧的"店铺管理"栏中单击"装修店铺"超链接，进入"店铺装修"页面，在"店铺装修"页面左侧单击"模板"超链接，进入模板管理页面，如图8-1所示。

图8-1　单击"模板"超链接

STEP 02 单击"PC端"选项卡，在"系统模板"栏的下方可看到3套系统模板，标有"正在使用"字样的模板为当前所使用的模板。单击右侧模板下方的"马上使用"超链接即可更换店铺使用的模板，如图8-2所示。

图8-2　选择新模板

STEP 03 返回装修页面，在打开的装修页面右侧选择"配色"选项卡，在打开的窗口中，可以发现除了选中的颜色外，还有其他颜色，选择需要的颜色即可完成整体颜色的变换，如图8-3所示。

图8-3　更改模板颜色

STEP 04 若是认为模板不能满足实际需要，还可以在装修页面上方单击"装修市场"超链接，打开"服务市场－装修市场"购买合适的模板，如图8-4所示。

图8-4　模板市场

8.1.2　模板的备份与还原

网店往往会因为不同的活动或者其他原因而更换模板，这些模板都有一定的时限性，在活动结束后就没必要保留了，此时网店美工一般会选择将其删除。为了避免误删除等情况，推荐网店美工对模板进行备份，备份的具体操作如下。

扫一扫　实例演示

STEP 01 进入"店铺装修"页面，在其左侧单击"模板"超链接，进入"模板"页面单击"PC 端"选项卡，其页面最上方显示了正在使用的模板，单击 备份和还原 按钮，如图 8-5 所示。

图8-5 单击"备份和还原"按钮

STEP 02 打开"备份和还原"对话框，在"备份"选项卡中的"备份名"栏中输入备份的名称，并在其下方输入备注语，单击 确定 按钮，如图 8-6 所示。

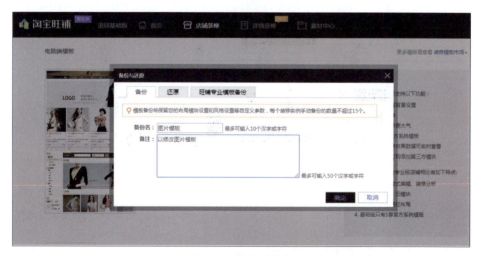

图8-6 输入备份信息

STEP 03 当需要还原时，可在"模板管理"页面中单击 备份和还原 按钮打开"备份和还原"对话框，选择"还原"选项卡，单击选中需要还原的模板前的单选项，这里单击选中"图片模板"单选项，单击 应用备份 按钮即可将备份应用到装修中，如图 8-7 所示。

STEP 04 因为备份的数量是有限的，所以当备份过多时，还可将备份删除，只需单击"旺铺专业模板备份"选项卡，单击选中需要删除模板前的单选项，单击 删除备份 按钮打开提示对话框，单击 确定 按钮，完成删除后，查看"备份与还原"对话框，即可发现该模板已被删除，如图8-8所示。

图8-7 应用备份

图8-8 删除备份

经验之谈：在装修页面右上角单击 备份 按钮，也可打开"备份和还原"对话框，在其中可直接进行备份操作；如果你是常常忘记备份的商家，那么系统会对你最近发布的5次模板进行自动备份，当需要还原时，直接在"还原"选项卡中进行查找即可。

8.2 模块的设置

模块是网店页面的基础组成部分，商品、页面装修等都依托模块而存在。因此，模块的使用是网店美工必备的技能。下面将对基础模块和模块设置中的添加模块、删除模块和编辑模块的方法分别进行介绍。

8.2.1 认识基础模块

网店的基础模块有商品推荐、商品排行、图片轮播、友情链接、宝贝搜索、自定义区模块等，下面将对这些常用模块分别进行介绍。

● **商品推荐模块**。淘宝首页展示商品的模块，通常是通过商品推荐组成的。商品推荐与横幅广告的效果类似，合理运用能吸引消费者眼球，该模块常位于轮播图片的下方，用于推荐店铺中销量较好的商品，从而达到促销的目的。图8-9所示为运用了商品推荐模块后的效果。

● **商品排行模块**。该模块主要是对热销产品的销量进行排序，当消费者浏览网店时，可以通过商品排行进一步掌握热销商品，从而勾起消费者兴趣，提升销量。图8-10所示为商品排行模块的应用效果。

图8-9　商品推荐模块的应用效果　　　　图8-10　商品排行模块的应用效果

● **图片轮播模块**。当进入淘宝店时，总能看到美观大气的广告图片在醒目的地方进行播放。该播放效果即为图片轮播，这个轮播效果就是通过图片轮播模块进行设置的，在店铺中设置这个模块能大大提升店铺的视觉效果，同时也更好地为店铺商品增加人气。图8-11所示为图片轮播模块的应用效果。

图8-11　图片轮播模块的应用效果

● **友情链接模块。** 当收藏某个商品或是店铺后，往往会出现同类型的店铺或商品，友情链接模块是指互相在自己的网店上放对方网店的链接，以达到互相促进销售的目的。图8-12所示为友情链接模块的应用效果。

图8-12 友情链接模块的应用效果

● **宝贝搜索模块。** 每个淘宝店铺都会上架很多不同类型的宝贝，当宝贝过多时，消费者往往不知道从何查看。此时，添加宝贝搜索模块即可对商品进行搜索，便于消费者查找并购买商品。图8-13所示为宝贝搜索模块的应用效果。

图8-13 宝贝搜索模块的应用效果

● **自定义区模块。** 装修模块的大小和位置都影响着店铺的视觉效果，而常用模块往往不能满足店铺装修的要求，此时可使用自定义区模块进行店铺的装修，从而完整地展示店铺特色。其中，常见的1920像素宽的海报多为使用自定义区模块装修的。图8-14所示为自定义区模块的应用效果。

图8-14 自定义区模块的应用效果

↘ 8.2.2　模块的添加、删除和编辑

在网店装修工作中，网店美工既需要自己决定使用哪些模块以及怎么使用这些模块，也需要对模块进行编辑以提升页面的最终呈现效果。熟练掌握模块的添加、删除和编辑方法，可以大大提高店铺的装修工作效率，其具体操作如下。

扫一扫　实例演示

STEP 01　进入"店铺装修"页面，选择一个原始模块，单击 ＋添加模块 按钮，在左侧将打开"模块"窗口，在其中罗列了常见的基础模块，如图 8-15 所示。

图8-15　打开"模块"窗口

STEP 02　在其中选择一种模块，这里选择"自定义区"模块，按住鼠标左键不放，将其拖曳到编辑区的任意模块下。这里拖曳到导航栏下，然后释放鼠标，即可完成自定义模块的添加，如图 8-16 所示。

图8-16　添加模块

STEP 03　在添加的模块上单击 ✐编辑 按钮打开"自定义内容区"对话框，在其中可对字体、图片等进行设置，还可使用源代码的方法自定义内容。这里单击选中"不显示"

单选项，并单击"插入图片"按钮██打开"图片"对话框，如图 8-17 所示。

图8-17 自定义图片

STEP 04 打开"商家中心"页面，在"店铺管理"栏中单击"图片空间"超链接打开"素材中心"页面，在其中选择需要的图片，并单击对应图片下方的"复制链接"按钮██，即可复制图片链接，如图 8-18 所示。

图8-18 复制图片链接

STEP 05 返回"图片"对话框，在"图片地址"栏中按"Ctrl+V"组合键粘贴复制的链接网址，在"链接网址"栏中输入需要链接的网址，单击 确定 按钮，如图 8-19 所示。

图8-19 输入复制的网址

STEP 06 返回"自定义内容区"对话框，在中间的编辑框中显示了添加的图片效果，单击 确定 按钮即可完成自定义模块的编辑操作，如图 8-20 所示。

图8-20　在自定义内容区中查看添加的内容

STEP 07 返回装修页面，可查看自定义区编辑后的效果，如添加的内容不满足要求，可单击编辑内容右上角的 ✕删除 按钮删除该模板，如图 8-21 所示。

图8-21　编辑后的效果

> 经验之谈：在添加模块时需注意，消费者进入店铺后前 3 屏的点击率最高，商品信息越靠后点击率越低，而装修中第 1 屏多为全屏海报，而该海报多通过自定义区模块实现；第 2 屏则为爆款商品，该屏多使用宝贝推荐模块进行制作；第 3 屏多为潜力商品，可通过自定义区和宝贝推荐模块进行制作；并且不同模块的编辑方法不同，其具体方法将在对应的章节中进行详细讲解。

8.3 使用模块装修店铺

在掌握了模块的基础知识后，网店美工就可以将其运用到实际的装修工作中了。装修不同的页面，需要使用不同的模块和不同的装修方法，下面将依次介绍使用模块进行电脑端首页和商品详情页的装修的方法。

8.3.1 电脑端首页的装修

电脑端首页页面大，可容纳的信息多，是装修的重点。网店美工需要对模块进行组合使用，以提高页面的美观度、吸引力和丰富性，使其发挥吸引消费者、推广商品的作用，其具体操作如下。

扫一扫 实例演示

STEP 01 登录淘宝网，在"千牛卖家工作台"下拉列表中单击"千牛卖家中心"超链接进入"千牛卖家中心"页面，在左侧列表框的"店铺管理"栏中单击"店铺装修"超链接，如图8-22所示。

图8-22 单击"店铺装修"超链接

STEP 02 进入"页面管理"页面，在页面上方单击"PC端"选项卡，在下方的列表中单击"首页"右侧的 装修页面 按钮，如图8-23所示。

图8-23 单击"装修页面"按钮

STEP 03 进入"店铺装修"页面，单击店招模块，单击 编辑 按钮，如图8-24所示。

图8-24 单击"编辑"按钮

STEP 04 打开"店铺招牌"对话框，取消选中"是否显示店铺名称"复选框，单击
选择文件 按钮，在打开的列表中单击"上传新图片"选项卡，在下方单击"添加图片"
超链接，如图 8-25 所示。

图8-25 单击"添加图片"超链接

STEP 05 打开素材中心页面，单击 上传 按钮打开"上传图片"对话框，单击"上
传"超链接打开"打开"对话框，选择需要上传的茶叶首页图片，单击 打开(O) 按钮进
行上传操作，如图 8-26 所示。

图8-26 选择要上传的图片

STEP 06 返回店铺装修页面，在"淘盘目录"中显示了刚刚上传的图片，这里选择"常
规店招"图片，如图 8-27 所示。

图8-27 选择图片

STEP 07 此时可发现"背景图"栏下方显示了选择的背景图片，单击 保存 按钮，如图
8-28所示。

图8-28　确定招牌图片

STEP 08 返回装修界面，可发现店招中已经添加了选择的图片；单击左侧的"页头"
选项卡，在打开的面板中单击 重编图 按钮，在打开的"打开"对话框中选择店招的背
景图片，单击 打开(O) 按钮返回"页头"面板，可发现页头背景图中已经添加了图片；
在"背景显示"栏中选择"横向平铺"选项，在"背景对齐"栏中选择"居中"选项，
即可完成店招的装修，如图8-29所示。

图8-29　确定招牌图片

STEP 09 单击左侧的"模块"选项卡，选择"全屏宽图"模块并拖曳到页面顶端，
该模块将自动添加到标题栏的下方，如图8-30所示。

STEP 10 在该模块右侧单击 ✎编辑 按钮打开"全屏宽图"对话框，在"图片地址"栏
右侧单击 ▦ 按钮，在"全部图片"下拉列表中选择"茶叶海报_02"选项，在右侧选
择要添加的图片，如图8-31所示。

图8-30　添加模块

图8-31　选择要添加的图片

STEP 11　打开"图片裁剪"对话框，在左侧调整图片的展示区域，然后单击 确定 按钮，如图 8-32 所示。

图8-32　调整裁剪区域

STEP 12　返回"全屏宽图"对话框，在"链接地址"文本框中输入链接地址，然后单击 保存 按钮，如图 8-33 所示。

图8-33 输入链接地址

STEP 13 返回首页装修页面，单击 预览 按钮即可预览装修后的效果，如图 8-34 所示。然后单击 发布站点▾ 按钮，在打开的下拉列表中选择一种发布方式即可完成网店的装修。

图8-34 预览装修后的效果

↘ 8.3.2 商品详情页的装修

作为首页以外的另一重要页面，详情页也有自己的特色模块。合理地运用模块既能减少网店美工的工作量，又能提升商品详情页的最终效果，进行商品详情页装修的具体操作如下。

扫一扫 实例演示

STEP 01 进入"千牛卖家中心"页面，在左侧列表框的"宝贝管理"栏中单击"发布宝贝"超链接。

STEP 02 打开商品发布页面，在其中选择商品类目，然后单击 下一步，发布商品 按钮，如图 8-35 所示。

STEP 03 打开"商品发布"页面，在其中依次输入商品的相关信息，再在"电脑端描述"栏中单击选中"使用旺铺详情编辑器"单选项，在下方的编辑框中单击 立即使用 按钮，如图 8-36 所示。

图8-35　选择商品类目

图8-36　输入商品信息

STEP 04　打开"淘宝神笔宝贝详情编辑器"页面，在左侧列表中单击"装修"选项卡，再展开【基础模块】\【图片】选项，在右侧选择一张图片，如图8-37所示。

图8-37　选择图片

STEP 05　打开"选择图片"对话框，在其中选择已经上传的商品图片，单击[确认]按钮；如果没有已上传的图片，可直接单击[上传图片]按钮，在打开的页面中选择合适的图片即可，如图 8-38 所示。

图8-38　选择图片

STEP 06　返回"淘宝神笔宝贝详情编辑器"页面，可发现选择的图片已经显示到页面中了，单击[保存]按钮保存编辑，然后单击[完成编辑]按钮，如图 8-39 所示。

图8-39　完成编辑

STEP 07　返回"商品发布"页面，在"淘宝神笔宝贝详情页编辑器"中已显示了刚添加的图片，然后单击[提交宝贝详情]按钮即可完成 PC 端商品详情页的制作，如图 8-40 所示。

图8-40　提交编辑

8.4　综合实训——更改模板并装修店铺首页

在店铺装修过程中，不同网站的装修方法均不相同，如淘宝主要是在店铺装修页面进行，京东主要在Jshop中进行。下面将以淘宝为例，讲解更改模板并装修店铺首页的方法，效果如图8-41所示。

图8-41　更改模板并装修店铺首页

1. 设计思路

要想更改模板并装修首页，可从以下两个方面进行学习。

（1）由于首页中的模板不是固定的，所以可先对系统模板进行设置。

（2）根据设置后的系统模板对首页进行装修，再展现装修后的效果。

2. 知识要点

在切片和上传图片过程中，需要掌握以下知识。

（1）进入"千牛卖家工作台"页面更换系统模板。

（2）选择"全屏宽图"模块对首页进行装修。

扫一扫 实例演示

3. 操作步骤

下面对切片和上传图片的方法进行讲解，其具体操作如下。

STEP 01 登录淘宝官网，进入"千牛卖家工作台"页面，在其左侧的"店铺管理"栏中单击"店铺装修"超链接进入"店铺装修"页面，在"店铺装修"页面左侧单击"模板"超链接进入模板管理页面。

STEP 02 单击"PC端"选项卡，在"系统模板"栏的下方可看到3套系统模板，标有"正在使用"字样的模板为当前所使用的模板。单击左侧模板下方的"马上使用"超链接即可更换店铺使用的模板，如图8-42所示。

图8-42 选择新模板

STEP 03 进入页面装修页面，单击左侧的"模块"选项卡，选择"全屏宽图"模块并拖曳到页面顶端，该模块将自动添加到标题栏的下方，如图8-43所示。

STEP 04 在该模块右侧单击 ✎编辑 按钮，打开"全屏宽图"对话框，在"图片地址"栏右侧单击 🖩 按钮，在"上传新图片"选项卡下方单击"添加图片"超链接，如图8-44所示。

图8-43 添加"全屏宽图"模块

图8-44 单击"添加图片"超链接

STEP 05 打开素材中心页面，单击 上传 按钮打开"上传图片"对话框，单击"上传"超链接打开"打开"对话框，选择需要上传的小家电图片，单击 打开(O) 按钮进行上传操作，如图 8-45 所示。

图8-45 选择要上传的图片

STEP 06 返回店铺装修页面，单击"从图片空间选择"选项卡，在下拉列表框中显示了刚刚上传的图片，这里选择"小家电 _01"图片，如图 8-46 所示。

图8-46　选择要添加的图片

STEP 07 打开"图片裁剪"对话框，在左侧调整图片的展示区域，然后单击 确定 按钮，如图 8-47 所示。

图8-47　调整裁剪区域

STEP 08 返回"全屏宽图"对话框，在"链接地址"文本框中添加链接地址，然后单击 保存 按钮，如图 8-48 所示。

图8-48　添加链接地址

STEP 09 返回首页装修页面，使用相同的方法在下方添加其他商品图片，完成后单击 预览 按钮即可预览装修后的效果，然后单击 发布站点 按钮，在打开的下拉列表中选择一种发布方式即可完成网店的装修，如图8-49所示。

图8-49　预览装修后的效果

8.5　疑难解答

在对店铺装修的知识进行具体实践时，网店美工往往还会存在一些困惑，下面就针对这些问题进行解答。

1.　装修商品详情页还有其他方法吗？

进入页面管理页面，在上方单击"详情装修"选项卡，在右侧将显示宝贝、模板、批量投放、智能体验4个选项卡，在"宝贝"选项卡右侧显示了正在出售或仓库中的商品，单击 装修详情 按钮即可进入该商品的装修页面，在页面的上方可选择移动端或PC端，完成选择后在下方即可进行商品详情页的装修。

2.　装修过程中有哪些误区？该怎么进行解决？

店铺装修过程中，所有模块都不是固定的，需要根据店铺和商品的需要进行添加，并且内容不宜过多，过多会造成店铺打开困难。若要使展现的效果更加大气，则可多采用全屏海报，但要对进入区域添加热点链接。

8.6　课后习题

下面将打开"促销展示页.jpg"素材文件（配套资源:\素材文件\第8章\促销展示页.jpg），对其进行切片操作，然后上传到素材中心，最后将内容装修到首页。

第**9**章

综合案例——装修绿植店铺

经过前面章节的学习，读者对网店美工有了一定的了解，为了加深读者对所学知识的印象，本章将以综合案例的形式对绿植店铺进行设计与装修。在对绿植店铺首页进行设计时，可先通过海报的形式将热卖商品展现出来，再通过对优惠信息和促销内容的体现来吸引消费者。在对商品详情页进行设计时，则主要通过场景的展现将商品的美体现出来，最后通过详细参数和保养知识来加强消费者对店铺的信任。

学习目标

● 掌握首页的制作方法

● 掌握商品详情页的制作方法

9.1 制作绿植店铺首页

　　绿植具有优美、淡雅、自然、摆放周期长、易于管理等特点，不同场景搭配不同的绿植可使整体环境更加美观。本例将以多肉为主题进行首页制作，该首页的内容主要包括店铺卖点、优惠信息、快速导航和热销品类等内容，完成后的效果如图9-1所示。

图9-1　绿植店铺首页效果

图9-1　绿植店铺首页效果（续）

9.1.1　设计思路

根据店铺的浏览模式，可从以下几个方面进行绿植店铺首页的设计。

（1）店招作为绿植店铺的门面，它的美观度直接影响着消费者能否有继续看下去的动力。本例的店招采用柔软的纹路作为底纹，并添加简单的装饰、店铺名称和收藏文本来体现店铺的高端大气，最后再添加导航条，让店招变得完整。

（2）海报是商品和信息的大图展示区。本例主要通过绿植和多肉的展示，再加上描述性的文字，让消费者对商品有基本的了解。

（3）优惠券和商品分类区是优惠信息的展现区域。本例中没有对该区域采用过多的装饰，只是对商品信息做了一个简单的排版。

（4）新品展示区主要用于展示热卖商品。本例主要对多肉植物进行展示。

（5）页尾作为首页的结尾部分，主要体现浏览的便捷，并起到承上的作用。本例主要对绿植的摆放区域进行了展示，并对款式进行了罗列，以便继续查看。

↘ 9.1.2 知识要点

要想完成绿植店铺首页的制作，需要掌握以下知识。

（1）店招作为首页的开头，在制作时要在简单中体现亮点，这里主要使用"矩形工具""自定形状工具""横排文字工具"对店招进行简单体现，从而为下面的海报制作做准备。

（2）海报制作是店铺首页制作的重点，不但要求色彩的美观性，还要求有良好的对称性。这里不但使用了"矩形工具""自定形状工具""横排文字工具"，还执行了"载入选区"命令，让图片框选更加规范，且更加自然。

（3）优惠券、商品分类区、新品展示区的制作属于商品图片的简单罗列。这里使用了"矩形工具""自定形状工具""横排文字工具"等，使图片和优惠券信息的展现更加直观。

（4）页尾是页面的延续，这里主要采用图片分隔突出信息。

↘ 9.1.3 操作步骤

本例将为绿植店铺设计首页，在制作时可根据"店招和导航—海报—优惠券和商品分类区—新品展示区—页尾"制作流程对店铺进行设计与装修，下面将分别进行介绍。

1. 制作绿植店招和导航

清新、自然是绿植店铺常用的主题，在设计店招时，需要先制作店名和Logo，然后对促销商品进行设计与编辑，最后制作导航条。

扫一扫 实例演示

2. 制作绿植海报

绿植海报是首页制作的亮点，因为海报不仅能完美展现各种不同类型的绿植，还能与促销内容和上新信息相结合，提升消费者的购买欲望。本例将制作两张相连的海报，该海报可以作为轮播显示，也可采取海报的形式上下显示。

扫一扫 实例演示

3. 制作优惠券和商品分类区

优惠券和商品分类区主要是为了对优惠券和店铺活动进行统一展现，目的是提升消费者对活动的认知和展示店铺主卖商品。本例将继续在绿植店铺首页海报下方制作优惠券，并对店铺的主要商品分类进行展示。

扫一扫 实例演示

4. 制作新品展示区

本例将继续制作绿植店铺首页的新品展示区。该区域主要是以多肉为主，设计时先将新品进行单个展现，加强对消费者的吸引力，再展现更多商品。

扫一扫 实例演示

5. 制作页尾

页尾是首页的结尾部分，该部分不是对商品的介绍，而是对商品的总结，起到承上的作用。本例中页尾主要对各种绿植品类进行总结，让消费者在浏览的最后，可根据需要再对不同绿植进行浏览，最后添加一张多肉图增加美观度。

扫一扫 实例演示

9.2 制作绿植商品详情页

本例以苔藓微景观盆栽为例制作商品详情页，苔藓微景观盆栽属于绿植店铺中小盆栽中的一种，不但美观而且适用范围广。在制作详情页时，需要先制作焦点图，写明苔藓微景观盆栽的卖点，让其吸引消费者继续逛下去；其次写明苔藓微景观盆栽的详细参数，提升消费者对商品的认知度；最后讲解护养知识和注意事项，避免商品后期出现问题。完成后的效果如图9-2所示。

图9-2　绿植商品详情页效果

↘ 9.2.1 设计思路

根据消费者对商品详情页的浏览模式，可从以下几个方面进行绿植详情页的设计。

（1）本例通过夜空中的苔藓微景观盆栽的焦点图，让浪漫与神秘感在消费者脑海中浮现，从而加深消费者的印象。

（2）商品的实物展现，让苔藓微景观盆栽的各个场景得到全方位的展现，并通过细节部分的展示体现盆栽的工艺性。

（3）详细参数的展示，体现各个瓶子的尺寸，便于消费者对尺寸进行选择。在下方对各个商品进行总体展现，以加深消费者的认知度。

（4）最后通过描写护养知识，打消消费者的最后顾虑，让消费者能够放心购买。

↘ 9.2.2 知识要点

完成绿植店铺商品详情页的制作，需要掌握以下知识。

（1）焦点图是详情页的开头，在制作时主要是使用简单的盆栽效果图片加上简洁的文字，让说明信息得到体现。这里主要使用"横排文字工具""圆角矩形工具""直线工具"对盆栽效果进行简单展现。

（2）商品的实物展现主要是对不同尺寸商品进行展示。在该展示中使用了"矩形工具""横排文字工具"来展现不同商品的视觉效果。

（3）详细参数的展示。在该页面中结合了前面的知识并配合使用"圆角矩形工具""自定形状工具""横排文字工具"来展现商品的详细信息。

↘ 9.2.3 操作步骤

本例是为绿植店铺中某款盆栽所设计的商品详情页，页面中使用了该款盆栽的多张照片，并采用合理的布局对页面进行规划。读者可根据"焦点图—商品的实物展现—详细阐述的展示—护养知识讲解"流程设计商品详情页。

扫一扫 实例演示

STEP 01 打开"新建文档"对话框，在其中输入新建大小为"750像素×11800像素"、"分辨率"为"72像素/英寸"、名为"绿植商品详情页"的文件，完成后单击 确定 按钮。

STEP 02 打开"绿植商品详情页素材.psd"素材文件（配套资源:\素材文件\第9章\绿植商品详情页素材.psd），

将其中的商品图片拖曳到详情页中，调整大小和位置，效果如图9-3所示。

STEP 03 选择"横排文字工具" T.在焦点图中输入图9-4所示的文字，并设置"字体"为"方正大黑简体"，调整文字大小、位置和颜色。并设置英文文字的"不透明度"为"7%"。

图9-3　添加素材

STEP　04　选择"直线工具" ✎ 在"苔藓微观系列景观展示"文本上下绘制两条颜色为"#ffffff"的直线。

图9-4　制作焦点图

STEP　05　选择"矩形工具" ▢ 分别绘制大小为"750像素×1250像素""240像素×650像素""580像素×820像素"的矩形，并设置填充颜色分别为"#eeefef""#c6c6c6""#414140"。

STEP　06　打开"绿植商品详情页素材.psd"素材文件，将其中的蓝天白云商品图片拖曳到商品详情页中，调整大小和位置，并将其置入最上方的矩形中，效果如图9-5所示。

图9-5　绘制矩形并添加商品图片

STEP　07　双击最小矩形所在的图层打开"图层样式"对话框，单击选中"图案叠加"复选框，在"图案"下拉列表中选择"右对角线1（8像素×8像素，RGB模式）"选项，单击 确定 按钮，如图9-6所示。

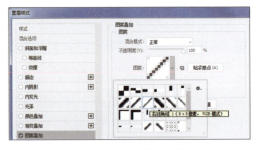

图9-6　选择图案叠加图案

STEP　08　选择"横排文字工具" T 在圆角矩形中输入图9-7所示的文字，设置"字体"为"方正兰亭刊黑_GBK"，"字体颜色"为"#504d4d"，调整文字大小、位置和字距。

图9-7 制作阳光效果

STEP 09 打开"绿植商品详情页素材.psd"素材文件，将其中的单个场景商品图片拖曳到商品详情页中，并调整大小和位置。

STEP 10 选择"矩形工具" □ 绘制一个大小为"650像素×1700像素"的矩形，并设置填充颜色为"#ffffff"。

STEP 11 选择"横排文字工具" T 在矩形中输入图9-8所示的文字，设置"字体"为"方正兰亭刊黑_OCR"，"字体颜色"为"#000000"，调整文字大小、位置和字距。

图9-8 制作商品展现效果

STEP 12 打开"绿植商品详情页素材.psd"素材文件，将图9-9所示的商品图片拖曳到商品详情页中，并调整大小和位置。

STEP 13 选择"横排文字工具" T ,在商品图片的四周输入文字，设置"字体"为"方正兰亭刊黑 _OCR"，"字体颜色"为"#000000"，调整文字大小、位置和字距。

STEP 14 选择"横排文字工具" T ,在商品图片的下方输入文字，设置字体为"方正兰亭刊黑 _OCR"，字体颜色为"#000000"，调整文字大小、位置和字距。

图9-9 制作细节展示场景

图9-9 制作细节展示场景（续）

STEP 15 打开"绿植商品详情页素材.psd"素材文件，将图9-10所示的商品图片拖曳到商品详情页中，并调整大小和位置。

图9-10 创作详细参数效果

STEP 16 选择"圆角矩形工具" ◻.绘制一个大小为"170像素×40像素"的圆角矩形，并设置填充颜色为"#f1675a"。

STEP 17 选择"横排文字工具" T.在圆角矩形的下方输入文字，设置"字体"为"方正兰亭刊黑_OCR"，调整文字大小、位置和颜色，效果如图9-11所示。

图9-11 绘制圆角矩形并输入文字

STEP 18 选择"直线工具" ⁄.在文字的下方绘制4条颜色为"#f1675a"的直线。

STEP 19 选择"矩形工具" ◻.绘制一个大小为"585像素×40像素"的矩形，

并设置填充颜色为"#f1675a"。

STEP 20 选择"横排文字工具" T.在直线和矩形中输入文字，设置"字体"为"方正兰亭刊黑_OCR"，调整文字大小、位置和颜色，效果如图9-12所示。

图9-12 绘制直线和矩形并输入文字

STEP 21 打开"绿植商品详情页素材.psd"素材文件，将深色绿叶商品图片拖曳到矩形下方，并调整大小和位置。

STEP 22 选择"横排文字工具" T.在直线和矩形中输入文字，设置"字体"为"方正大黑简体"，调整文字大小、位置和颜色，效果如图9-13所示。

图9-13 添加图片并输入文字

STEP 23 选择"圆角矩形工具" ◻.绘制3个大小为"500像素×20像素"的圆角矩形，并设置填充颜色为"#9c9999"，效果如图9-14所示。

图9-14 绘制圆角矩形

STEP 24 对圆角矩形添加6条参考线，选择绘制的第一个圆角矩形，栅格化该圆角矩形，按住"Alt"键不放，单击圆角矩形所在图层的缩略图即可载入选区，效果如图9-15所示。

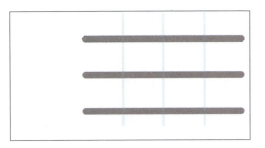

图9-15 添加参考线并载入选区

STEP 25 选择"矩形选框工具" ，在工具属性栏中单击"与选区交叉"按钮 ，沿着参考线框选圆角矩形左侧的第2个选区即可减去选择的区域。

STEP 26 此时可发现框选区域已被选中，将前景色设置为"#f1675a"，按"Alt+Delete"组合键填充前景色，如图9-16所示。

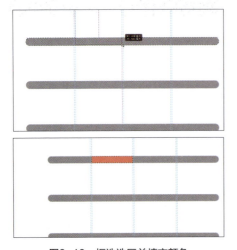

图9-16 框选选区并填充颜色

STEP 27 栅格化其他圆角矩形，使用与前面相同的方法继续载入与框选选区并填充颜色，完成后的效果如图9-17所示。

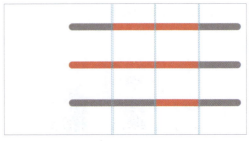

图9-17 载入并填充选区

STEP 28 隐藏参考线，选择"横排文字工具" 输入图9-18所示的文字，设置"字体"为"方正兰亭刊黑_OCR"，调整文字大小、位置和颜色。

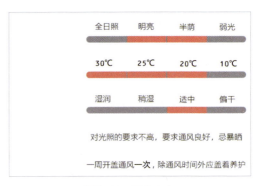

图9-18 输入文字

STEP 29 选择"横排文字工具" 输入图9-19所示的文字，设置"字体"为"方正大黑简体"，调整文字大小、位置和颜色。

STEP 30 选择"直线工具" 在文字的下方绘制5条颜色为"#000000"的直线。

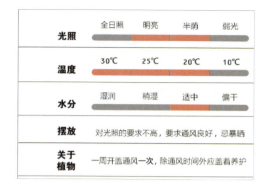

图9-19　绘制直线

STEP 31 选择"自定形状工具" ，在工具属性栏中选择图 9-20 所示的形状，并在文字左侧进行绘制。

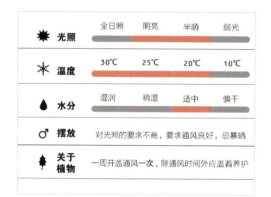

图9-20　绘制自定形状

STEP 32 选择"横排文字工具" ，输入图 9-21 所示的文字，设置"字体"为"方正大黑简体""方正兰亭刊黑 _OCR"，调整文字大小、位置和颜色。

STEP 33 打开"绿植商品详情页素材 .psd"素材文件，将绿色植被商品图片拖曳到文字下方，并调整大小和位置。

STEP 34 保存图像，完成商品详情页的制作（配套资源 :\ 素材文件 \ 第 9 章 \ 绿植商品详情页 .psd ）。

图9-21　输入文字并添加绿色植被素材

9.3 疑难解答

在店铺页面设计过程中还需掌握一定的知识，如首页的设计技巧、详情页的设计技巧等。笔者将根据自己的网店设计经验，分享一些制作首页和详情页的技巧。

1. 淘宝首页有什么设计技巧？

在设计首页时，可以将自己当作消费者并设身处地地进行思考。当浏览一个店铺时，精致的主图或是页面将会直接引起消费者的注意，从而对商品产生购买欲望或冲动。此外，页面中的掌柜热荐、商品热荐和左侧分类这3个栏目都需要充分利用起来，从每一个细小的资源出发创造更多的利润，将关联销售做到最大化。

2. 淘宝详情页有什么设计技巧？

淘宝详情页不全是描述商品的页面，其中贯穿了多个营销思路。如何让消费者从产生好感—喜欢—想买—马上下单是设计的重点。因此，掌握详情页的设计思路变得尤为重要，包括：①找出自己商品的优势；②查看销量最高的前10家店铺的详情页，在其中寻找卖点，并思考是否是适合自己商品的详情页；③取其他商品详情页的精华并去其糟粕，把优点罗列出来，应用于自己商品的详情页中。

9.4 课后习题

（1）本例将制作女包首页，在制作前需要先制作通栏店招，在制作时主要通过简单的文字描写来突出主题。在其下方的海报中主要使用白雪等冬季素材来体现包的适用季节，并添加女包素材，让主体得到体现（配套资源:\素材文件\第9章\练习\女包首页素材.psd）。最后在下方制作爆款推荐、新品上新板块，在制作该板块时，主要是对爆款女包进行罗列，其完成后的效果可参考配套资源（配套资源:\效果文件\第9章\练习1\女包首页.psd）。

（2）本例将制作女包详情页，在制作时需要先制作焦点图，该焦点图与首页风格相符，都是通过素材+女包+文字的形式进行体现，并通过灵感—细节—尺寸大小进行具体展示（配套资源:\素材文件\第9章\练习\女包素材.psd），其完成后的效果可参考配套资源（配套资源:\效果文件\第9章\练习2\女包详情页.psd）。